노후를 위한 병원은 없다

————— 지금의 의료 서비스가 계속되리라 믿는 당신에게

노후를 위한 병원은 ———— 없다.

박한슬
지음

북트리거

[차례]

일러두기

1. 이 책에서 사용된 개념어는 대부분 의료 정책 분야에서 사용하는 공식 역어이지만,
   다른 용어로 대체한 경우는 각주에 별도로 명시했다.

2. '코로나19' 대유행으로 인해 의료 이용 행태가 급격히 변화하였기에, 부득이하게
   통계 자료는 예년 중 가장 최근인 2019년을 기준으로 삼았다.

3. 본문을 읽는 과정에서 필요한 정보는 페이지마다 각주로 덧붙였으며, 자료 출처 등
   의 인용 정보는 책의 뒷부분에 미주로 덧붙였다.

목숨 값이 가벼운 나라의 의료 이야기

달은 지구보다 중력이 약해서, 지구에서 몸무게가 60kg인 사람이 달에 가서 몸무게를 재면 10kg밖에 되지 않는다고 합니다. 그 어느 한 사람의 예외도 없이, 달나라에서는 모든 게 다 지구의 6분의 1 수준으로 가벼운 거예요. 말하자면 지구에서는 10명의 무게를 견디는 게 고작인 엘리베이터가 달에서는 60명이나 태울 수 있는 거죠. 그렇다면 반대로 말해, 10인승 엘리베이터에 60명이 탑승한다면 우리는 이곳의 중력이 지구 중력의 6분의 1임을 거꾸로 추론할 수도 있을 겁니다.

한국의 의사들은 평균적으로 하루에 58.3명의 환자를 진료합니다(2019년 기준).[1] 같은 해 총 외래환자(outpatient)☆

☆ 통상적으로 입원 없이 병원에 들러 진료를 받고 나오는 경우를 말한다.

진료 건수가 14억 4,000만 회 정도 되고, 활동의사(active physician)☆ 수가 10만 명을 조금 넘으니 휴일과 공휴일을 제외한 연 247일 기준으로 의사 1명당 하루에 58.3명의 환자를 본 셈이죠. 토요일에도 여는 병원이 많아졌으니, 토요일을 넣어 298일로 잡아도 하루 평균 48.3명. 환자를 정말 무지막지하게 많이 진료하고 있는 겁니다. 그런데 무척 놀랍게도 같은 해에 미국, 영국, 프랑스, 스위스, 독일, 일본 등 주요 선진국 의사들은 하루에 고작 환자 8.1명 정도를 진료하는 것으로 나타났습니다.[2] 토요일을 고려하더라도 한국의 의사들은 다른 선진국 의사들보다 내약 5~6배 정도나 많은 수의 환자를 보고 있는 거예요.

한국과 비슷한 국력을 가진 주요 선진국의 평균을 '지구'라고 한다면, 한국은 중력이 지구의 6분의 1인 달나라라고 할 수도 있을 겁니다. 달에서는 10인승 엘리베이터가 60명을 태우는 것처럼, 한국에서는 의료인 한 명이 '지구'에서보다 5~6배 많은 수의 환자를 진료할 수 있습니다. 그런데 병원에서 환자를 더 보는 건 엘리베이터에 사람을 더 태우는 것보다 훨씬 위험합니다. 단순히 체중이 아닌 환자의 목숨 값이 5~6배나 더 가벼워진다는 걸 의미하니까요. 대체 한국에서는 왜 이런 일이 생기고 있을까요?

이런 기이한 현상의 이유를 알기 위해서는, 한국의 의료

☆ 의사 면허를 소지한 사람의 수가 아닌 실제로 진료 등의 의료 행위를 수행하고 있는 의사의 수로, 단순 의사 면허 소지자 수보다 유용한 지표이다.

제도를 살펴보는 과정이 꼭 필요합니다. 물론 평범하게 의료 서비스를 이용하는 시민들이 모두 의료 정책에 통달해야만 하는 건 아닙니다. 복잡한 전자기학 이론을 몰라도 첨단 기술의 집약체인 휴대전화를 능숙하게 사용할 수 있는 것처럼, 의료 정책에 대한 이해가 부족해도 병원에 가서 의료 서비스를 받는 것엔 아무런 지장이 없습니다. 왜곡된 구조를 만든 제도라도 나름의 기능은 하는 상태니까요. 그렇지만 이런 기이한 평형 상태에 한 가지 문제가 생겼습니다. 한국이 과거 예상보다 빠르게 늙어 가고 있거든요.

현재의 의료 정책은 젊은 인구에 기대어 가까스로 평형이 맞춰진 상태입니다. 각자 나름의 불만은 있더라도 돌아가고는 있죠. 그런데 현재의 장년층이 의료 서비스 주요 이용 계층인 '노인'이 될 때쯤에는 인구구조 자체가 지금과는 판이해집니다. 경제활동을 활발히 할 수 있는 생산가능인구보다 노령인구가 더 많아지는 역삼각형 구조가 자리를 잡게 되죠. 그러면 지금과 같은 의료 서비스 이용은 더는 가능하지 않습니다. 그러니 인구구조가 바뀌어 가는 현시점에서 의료 정책에 대한 적절한 이해를 갖추고 적극적 의사 표명을 하는 건 반드시 필요한 일입니다. 단지 지금의 의료 서비스만이 아니라 미래에 내가 이용할 의료 서비스를 결정하는 것이기도 하니까요.

그렇지만 무척 안타깝게도, 그간 국내에서 의료 정책을 이야기하는 사람들은 특정한 자신만의 해법을 상정하고 이를 뒷받침하는 현실 일부만을 잘라서 이야기하는 경우가 많았습니다. 그러다 보니 소규모 마을 공동체 내에 의사가 함께 거주하는 의료를 추구하자는 몽상적 진보주의, 현재 국내 의료의 근간인 건강보험제도를 폐지하고 모든 의료를 시장에 맡기자는 우파적 극단주의 등이 되레 시민들에게 더 자주 노출되는 불행한 현상이 나타나고 있습니다. 실제로 국가 단위에서 실현 가능성이 심각하게 떨어지는 건 차치하더라도, 그런 제도가 실제로 시행된다고 한들 서비스 이용자인 시민에게는 물론이고 서비스 공급자인 보건의료인에게조차 좋을 게 없는데도요.

그래서 저는 그러한 극단적 방향을 배격하고 독자가 스스로 고민해 그 답을 찾을 수 있도록 적절한 정보를 제공하는 책이 필요하다고 생각했습니다. 저자가 스스로 정답이라 확신하는 것을 제시하고 이를 독자에게 설득하는 것도 나쁜 접근법은 아니겠으나, 각자가 지향하는 이념과 방향성이 다르게 보인다면 귀를 닫는 일이 워낙 흔해졌으니 차라리 현재가 비정상적이라는 인식이라도 공유하는 게 바람직하다고 여겨서입니다.

지나친 낙관주의일지는 모르겠지만, 저는 한국 사회의

문제 해결 능력을 믿습니다. 한국 사회의 대표적 단점으로 꼽히는 특유의 '조급증'이 단기간에 가장 많은 사회문제를 해결하는 원동력이 되기도 했던 만큼, 현재가 비정상적 상태라는 인식을 일단 많은 시민이 공유하게 된다면 언젠가는 어떤 방식으로라도 지금보단 나은 상태가 되리라 믿기 때문입니다. 부족하지만 이 책이 한국의 현재 의료 제도를 돌아보고, 미래의 의료 제도에 관심을 가지는 계기가 되길 바랍니다.

2022년 가을, 박한슬

1부

최첨단 종합병원의 그늘

우리는 일상에서 '병원'이란 말을 자주 사용합니다. 그렇지만 엄밀하게는 입원 환자를 받는 곳만이 '병원'이고, 그중에서도 여러 전공의 의사들이 모인 곳만 '종합병원' 자격을 받습니다. 사람들이 '의료'라는 단어를 들으면 가장 먼저 떠올리는 곳이죠. 각종 의학 드라마의 배경이 되는 곳이 종합병원이다 보니 더 그런 것 같은데요. 공교롭게도 한국 의료의 문제를 가장 압축적으로 보여 주는 공간 역시 종합병원입니다. 종합병원은 동네 의원에서 겪는 문제에 더해, 적은 수의 인력으로 고강도 노동을 수행해야만 하는 제도적 사정까지 겹치기 때문이죠. 겉보기에는 화려하기 그지없는 최첨단 종합병원의 그늘에서는 대체 어떤 일이 벌어지고 있을까요?

1장

'태움'이라는 악습이 자라는 토양

태움이라는 말을 들어 보셨나요? 주변에 간호사로 일하는 지인이 있거나, 여러 사회문제에 두루 관심 갖는 분이라면 익숙한 단어일 겁니다. '태움'이란 병원 내 선배 간호사가 후배 간호사를 마치 '불에 타서 재가 될 때까지' 들볶는 악습을 일컫는 말입니다.

사회에서는 비슷한 현상을 군 복무 경험에 비추어 '군기' 잡는다는 식으로 표현하곤 하는데, 남성 집단 내에서 흔히 이루어지는 지위에 따른 괴롭힘과는 결이 조금 다릅니다. 간호사의 인력 구조와 업무 형태가 태움이라는 괴롭힘과 정교하게 맞물려 병원 업무를 충당하는 구조거든요.

신규 간호사 60%가 겪는 '태움'

태움을 뚜렷하게 정의하긴 어렵습니다. 괴롭힘의 방식과 양태가 제각각이기도 하고, 외견상으로는 선배 간호사가 후배 간호사에게 '교육'을 하는 형태를 띠니 교육과 괴롭힘을 딱 잘라 구분하기 어려운 점이 있기 때문이죠. 그렇지만 태움의 대략적인 유형은 어느 정도 구분할 수 있는데요, '불공정한 업무 분담, 꼬투리 잡기, 망신 주기, 뒷말, 없는 사람 취급' 등입니다.[1] 이렇게만 들으면 대체 뭘 어떻게 괴롭힌다는 건지 이해가 되지 않으실 테니, 예를 한번 들어 보겠습니다. 제가 직간접적인 증언으로 접한 간호사들의 경험과 관련 연구 자료를 엮어 가공한 가상 사례입니다.

유독 업무 습득이 느린 신규 간호사가 있습니다. 처음 한두 번은 선임 간호사가 신규 간호사에게 업무 내용을 매뉴얼대로 알려 주지만, 신규 간호사가 정확하게 알아듣지 못해 재차 묻다 보면 선임 간호사는 "선생님은 병원 실습 안 돌았어요? 이걸 왜 모르지?"라며 공개적으로 망신을 줍니다. 실수가 반복되면 해당 업무 숙련도가 떨어진다며 그 사람만 콕 집어 관련 업무를 모두 맡아서 하도록 강제하죠. 원래도 업무가 느렸던 신규 간호사는 추가적 업무가 늘어난 만큼 기존 업무도 더욱 수행하기 어려워지므로, 업무 미비와 실수가 계속 늘어납니다. 그때마다 선임 간호사는 다시금 "선생님은 머리를 왜 달고 있어요?"라는 식의 폭언은 물론, "저 학교 애들은 대체 왜 저래?"라는 말을 당사자에게 다 들리도록 동료 간호사들에게 내뱉죠. 그러다 보면 신규 간호사는 어느 시점부터는 교대근무 전에 본인 업무를 다 끝내지도 못하는 상태가 됩니다. 신규 간호사가 교대를 위해 환자에 대한 인계를 진행하려 해도 선임 간호사는 신규 간호사를 '없는 사람' 취급하며 퇴근하지 못하도록 하거나, 같은 병동 선배 간호사들과 함께 인사를 받아 주지 않는 등의 집단행동을 하기도 합니다. 신규 간호사라는 이유로 이런 방식의 '존댓말 괴롭힘'을 환자나 의사 앞에서도 당하는 겁니다.

태움을 경험한 개인들은 당연히 안녕치 못합니다.[2] 이들은 근무시간 내에 업무를 마치지 못하는 것이 두려워 자발적으로 초과 노동을 하는 경향이 있습니다. 근무가 끝나도 퇴근하지 못하고 남아서 계속 일을 하거나, 아예 한 시간 이상 일찍 출근해 업무 준비를 하는 경우도 있죠. 그러면서도 같은 병동에서 근무하는 간호사들에게 인간적 존중을 받지 못하고 있다 여기고 자연스레 소속감도 느끼지 못합니다. 그런데도 이것이 '통과의례'의 일종이며 자신이 제대로 일을 하지 못하는 탓이라고 여기니 고통의 상황을 쉽게 벗어나지 못합니다. 말 그대로 재가 될 때까지 달달 볶이면서도 탈출하지 못하는

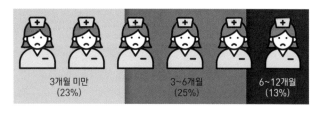

태움을 경험한 신규 간호사 비율과 그 기간
(자료: 한국직업건강간호학회지)

거죠.

이와 같은 태움을 경험한 신규 간호사의 수는 어느 정도 될까요? 2018년 초에 종합병원에서 근무하는 신규 간호사 157명을 대상으로 한 설문조사에서, 본인이 태움을 경험했다고 응답한 비율은 약 61%에 달했습니다.[3] 앞의 가상 사례와 같이 모든 유형의 태움을 복합적으로 겪은 사람은 적을지 모르지만, 적어도 신규 간호사의 절반 이상이 한 가지 종류 이상의 태움을 경험했다는 겁니다.

의료계 내에서는 오래전부터 문제라고 인식은 했었지만 별다른 대응을 하지 않았는데, 지독한 태움을 당하던 간호사가 자살하는 사건이 언론에 연이어 보도되며 '태움' 문제가 사회적 의제로 떠오르기에 이르렀습니다. 공교롭게도 그즈음 비슷한 결의 '직장 내 갑질' 논란들도 보도됐던 탓에, 이런 문제들을 해결하기 위해 2018년 여야가 합의하에 '직장 내 괴롭힘 방지법'으로 불리는 근로기준법 개정안을 국회에서 통과

시켰습니다. 2019년 7월부터 직장 내 괴롭힘 가해자에게 최대 1,000만 원의 과태료를 물릴 수 있는 법안이 시행되었으니, 태움 문제도 이를 계기로 어느 정도 해결되었을까요? 안타깝게도 아니었습니다.

'업무 미숙' 뒤에 가려진 진짜 이유

태움을 경험하는 신규 간호사의 가상 사례에서, 악담과 괴롭힘을 관통하는 하나의 주제어가 있다는 걸 눈치채셨을지 모르겠습니다. 바로 '업무 미숙'입니다. 가해자와 피해자 모두가 태움을 일종의 통과의례이자 필요악인 것처럼 간주하는 이유도 신규 간호사의 업무 미숙이거든요. 그 논리는 이렇습니다. 병원은 환자의 생명을 다루는 공간이며, 간호사도 의료인으로서 환자의 생명을 직접 책임지는 막중한 역할을 담당합니다. 그런데 업무 미숙으로 인해 실수가 생기면 최악의 경우에 환자가 사망하는 사고까지도 발생할 수 있습니다. 그러니 조금 엄격한 방법으로라도 신규 간호사의 업무 숙련도를 빠르게 끌어올려야 한다는 겁니다.

신규 간호사의 숙련도를 끌어올리기 위해선 경험 많은 간호사를 교육자 역할로 붙여서 밀접 교육을 하는 게 가장 이상적이죠. 이런 제도를 프리셉터십(preceptorship)이라 하는데, 국내에서도 1997년부터 도입되어 이미 20년 넘게 시행 중입니다. 그런데 이 제도에도 문제가 있습니다. 신규 간호사 교육을 맡은 간호사는 본인 업무에 더해 프리셉터의 업무까지 같이 수행해야만 한다는 겁니다.

종합병원의 병동 간호사 1명이 하루에 담당하는 환자의 수는 대략 10.1명입니다(2019년 기준).[4] 이렇게만 보면 적은 숫자인지 많은 숫자인지 잘 가늠이 되지 않는 게 당연한데, 해외의 간호사 1인당 환자 수와 비교하면 어느 정도 가늠할 수가 있습니다. 미국은 주마다 다르지만 많은 주에서 간호사 : 환자 비율을 법으로 정해 놓고 있는데요, 뉴욕주는 일반적인 내과 병동에서 간호사 1인당 환자 4명 정도, 캘리포니아주는 간호사 1인당 환자 5명 정도를 보도록 규정하고 있습니다. 이마저도 수간호사☆와 같은 관리 인력은 제외하고 실제 근무를 서는 인력만으로 잡은 것이니, 한국과 비교하면 차이가 크죠.

이미 담당해야 할 환자 수가 2~3배나 많은데, 개별 환자들에게 수행하는 업무도 만만치 않습니다. 약을 복용하게 하거나 처방된 주사제 등을 투여하는 투약 업무, 환자의 혈압이나 체온 및 건강 상태 등을 주기적으로 측정하는 모니터링 업무, 이상이 발견되면 이를 주치의에게 전달해 처방이나 시술을 요청하는 문제 상황 보고 업무, 환자의 상태 등을 다음 근

☆ 각 병동에서 이루어지는 간호의 총괄 책임을
   지는 관리직 간호사로 15~20년 정도의
   경력자가 맡는다.

무자에게 전달하는 인계 업무, 그리고 이 모든 것을 의무기록지☆ 몇 종류에 정확하게 기록하는 업무까지를 기본적으로 모든 환자에 대해 수행해야 합니다.

프리셉터 업무를 맡은 사람이 적어도 3~5년 이상의 숙련을 쌓은 간호사라고는 하더라도, 신규 간호사에게 교육까지 하면서 이 모든 업무를 수행하는 건 정말 보통 일이 아닌 겁니다. 운전자가 몇 번이나 길을 잘못 들어도 짜증 한번 내지 않고 묵묵히 다시 안내하는 내비게이션이야말로 이 시대의 부처님이라는 법륜 스님의 설법 영상을 본 적이 있습니다.[5] 간호사는 부처님도 아니고 기계도 아니므로, 미숙한 신규 간호사를 교육하며 똑같은 말을 몇 차례 반복하다 보면 인간인 이상 짜증이 날 수밖에 없습니다. 프리셉터 경험을 조사한 한 연구[6]에서 간호사들의 말을 인용해 볼까요?

자꾸 제가 가르치는 것을 못 따라오니까 일하는 도중에 둘이 울게 되는 상황이 생기는 거예요. 그 아이는 정말 못해서 울고, 나는 그 아이가 못하는 거에 대해서 화가 나서 울고.

프리셉터 기간에는 경험을 많이 해 봐야 하니까 환자를 빡빡하게 주거든요. 그러면 가르치면서 하니까 더 오래 걸리거든요. 할 때는 경험해 보는 것도 중요하긴 한데… 그렇게

☆ 환자의 과거 질병 이력부터 현재의 건강 상태,
   의료 인력이 수행한 처치나 처방받은 약물,
   진단 검사 결과 등이 모두 기록된 문서.

하니까 너무 오래 걸리고 퇴근도 늦고.

신규가 잘못하면 "누가 그렇게 가르쳤니? 너 프리셉터가 누구니?" 이렇게 이야기하잖아요. 그건 어느 병동이나 그런 것 같아요.

이런 환경에서 프리셉터는 '업무 미숙'이 심한 신규 간호사를 가혹하게 밀어붙여서라도 업무 숙련도를 올려야 한다는 강한 압박을 받고, 도저히 가망이 없다고 판단되는 신규 간호사는 차라리 더 적극적으로 괴롭혀서 내보내는 게 미래의 업무 환경에 최선이라고 판단할 수도 있습니다. 각자의 1인분을 하는 것으로도 벅찬데, 업무 역량이 지나치게 떨어지는 신규 간호사가 구멍을 만들면 그 업무를 다른 간호사 혹은 교육 책임자인 본인이 져야 하니까요. 그 상황을 견디는 사람은 병원에 남고, 그렇지 못한 사람은 폭력적인 방식으로 병원 밖으로 밀려나는 게 '태움'이라는 현상의 본질이라고 할 수 있습니다. 신규 간호사 교육을 위해 추가적인 인력을 배치하는 등의 여유를 낼 수가 없으니, 부처님에 가까운 인격자가 아니면 그러기가 쉬운 겁니다.

물론 태움은 매우 복합적인 현상이고, 이를 온전히 교육 시의 인력 문제만이라 단정 짓긴 힘듭니다. 유독 더 악랄한 태움이 보고되는 병원의 리스트가 '기피 병원'이라고 돌아다니는 현실을 보면, 특정 병원의 문화가 잘못인 것처럼 여겨질 수도 있습니다. 후배 간호사에게 지나치게 폭압적인 방식을 택하는 선배 간호사가 있더라도 그가 '고숙련 인력'인 점을 고려해 병원에서 문제 제기를 묵인하는 현상 등을 고려하면 태움을 경영학적으로 해석하는 게 훨씬 더 설득력이 높을 수도 있고요. 그런데 그런 요인이 주된 원인이라고 하더라도 이를 해결할 방법이 없다는 게 문제입니다. '윤리 교육'이나 '괴롭힘 방지 교육'과 같은 것들이 시도되고 있으나 이것으로 단기적 해결이 가능할지는 의문이며, 어쩌면 해결이 영영 불가능할지도 모릅니다.

저는 태움 문제에서는 물론이고 이어질 책의 내용에서도 '해결 가능한' 원인을 짚는 데 집중하려고 합니다. 만약 인력 문제가 태움의 주된 원인이 아닐지라도, 정량적으로 딱 떨어지는 해결책이 나오기 때문입니다. 교육 시 프리셉터의 업무 부담을 줄이고, 이를 대체할 추가 인력을 배치하면 되니까요. 그런데 이것이 쉽지 않다는 게 태움 문제의 해결을 어렵게 하는 원인 중 하나입니다.

그 많던 간호사는 다 어디로 갔을까

일반적으로 종합병원에서 일하는 의료 인력 중 가장 많은 숫자를 차지하는 건 의사가 아니라 간호사입니다. 가령 국내 종합병원 중에서 가장 큰 규모를 자랑하는 서울아산병원의 경우, 재직 중인 간호사 숫자만 2,500여 명에 달하니 '인력 부족'을 얘기하기엔 조금 이상하단 생각이 들 수도 있습니다. 실제로 서울아산병원은 프리셉터 역할을 맡는 간호사의 담당 환자 수를 줄여 주는 제도를 운용하고 있고, 신규 간호사가 일정 기간 수련을 마치고 독립한 후에도 담당 환자 수를 조금 줄여서 업무 적응 기간을 주는 식의 대우를 하고 있습니다. 이것이 파격 대우인 이유는 소위 '빅5'☆라고 하는 초대형 종합병원 정도를 제외하곤 이런 식의 조치를 할 정도로 여유 있는 간호 인력을 확보하고 있지 못하기 때문입니다. 여기에는 몇 가지 원인이 있습니다.

첫 번째 이유는 간호사가 상시적인 '교대근무'를 수행하는 직종이라는 점입니다. 병원마다 시간은 조금씩 달라지지만, 일반적으로 간호사는 3교대 형태로 근무를 진행합니다. 주간근무조는 대략 오전 7시부터 오후 3시 30분까지, 저녁근무조는 오후 3시부터 오후 10시 30분까지, 야간근무조는 오후 10시부터 다음 날 오전 7시 30분까지 근무하는 식이죠. 교

☆ 일반적으로 서울아산병원, 서울삼성병원,
　서울대학교병원, 연세대학교 세브란스병원,
　가톨릭대학교 서울성모병원, 이렇게 5개
　병원을 말한다.

대 조 사이에 겹치는 30분은 담당하는 환자의 상태를 다음 조 간호사에게 인계하는 데 드는 시간입니다. 그런데 이런 인계 시간을 인정하지 않고 겹치는 시간 없이 '칼교대'를 하도록 근무 형태가 짜여 있는 병원에서는 근무자가 앞뒤 각 30분 정 도씩을 순전히 본인 시간을 헐어 무급 초과근무 형태로 소비 해야만 합니다. 게다가 야간근무는 평소 생활과는 달리 새벽 시간대에 계속 깨어 있어야 하므로 생체리듬이 불규칙하게 바뀌는 불편도 감내해야만 합니다.☆

두 번째 이유는 간호사라는 직종을 구성하는 성별이 대 부분 여성이라는 점입니다. 교대제의 문제는 성별과 무관하 게 모든 사람이 겪지만, 생물학적 혹은 사회학적 이유로 인해 여성들은 출산과 육아, 그리고 가사노동의 책임을 요구받고 있습니다. 일반적인 직장인 여성들도 맞벌이하며 업무를 추 가적으로 수행하는 걸 어려워하긴 하지만 교대근무라는 간호 사 특유의 근무 형태 때문에 야간근무를 수행하다 보면 이런 상황이 더 곤혹스러워집니다.

이렇듯 상당히 높은 업무 강도 및 교대근무제와 함께 젠 더적 요소까지 더해지면, 결혼과 출산 이후에도 간호사라는 직업을 꾸준히 유지하는 사람이 줄어들게 되는 거죠. 전체 간 호사 면허 소지자 중 의료 기관에 종사 중인 활동간호사의 비 율이 50.6%(2019년 기준)[7] 수준에 불과한 것엔 이런 배경이 있

☆ 이런 문제점을 해결하기 위해 야간근무만 전담하는 야간 전담 간호사, 12시간을 내리 근무하는 2교대 형태의 근무처럼 전통적 3교대 방식에서 벗어난 근무 형태도 많이 도입되어 있다.

습니다.

세 번째 이유는 역설적으로 연간 배출되는 간호사 인력이 너무 많아서입니다. 태움의 사례에서 '업무 숙련도가 빠르게 올라가지 않는 간호사'를 제대로 교육하지 않고 괴롭혀서라도 내보내려는 데는 이유가 있습니다. 다음 해에는 다시 새로운 신규 간호사가 공급되기 때문입니다. 간호사도 졸업 직후 바로 동네 의원이나 중소 병원에서 근무를 시작하기보다는 종합병원에서부터 숙련을 쌓길 바라는 경우가 훨씬 많습니다. 그러니 매년 종합병원의 새로운 지원자는 넘치도록 많고, 신규 간호사는 나쁘게 표현하면 '어차피 새로 뽑으면 되는' 소모품 정도의 지위를 차지하고 있습니다. 간호사 일을 그만두게 되는 업무 환경이 크게 바뀌지 않았는데도 간호 인력이 부족하다는 이유로 무작정 간호대 정원을 늘리는 방식으로 대응했더니, '면허'는 있어도 실제로 일하는 간호사는 절반밖에 안 되는 이상한 상황이 벌어진 겁니다.

이런 상황이 우리에게 주는 교훈은 분명합니다. 간호 인력이 부족해서 근무 환경이 열악해지고, 근무 환경이 열악해지니 일을 하다 그만두는 간호사도 늘어나는 악순환은 단지

근속 연수	상급종합병원	종합병원	병원	요양병원	계
신규 ~ 5년	51.8%	54.2%	44.9%	25.4%	52.6%
5년 ~ 10년	17.7%	18.8%	20.6%	20.8%	18.3%
10년 ~ 15년	11.6%	10.3%	14.4%	13.4%	11.1%
15년 ~ 20년	8.0%	7.4%	9.5%	15.4%	7.8%
20년 이상	10.9%	9.3%	10.5%	25.1%	10.2%
평균	7년 5개월	7년 5개월	8년 5개월	11년 5개월	7년 5개월

2019년 병원 종별 간호사 근속 연수
(자료: 병원간호사회)

'간호대 정원'을 늘려서 매년 배출되는 신규 간호사 숫자를 늘리는 식으로는 끊어지지 않습니다. 실제로 근무하는 간호사가 이탈하지 않도록 업무 환경을 개선하는 일이 훨씬 더 중요하고, 그러기 위해선 병원이 더 많은 간호사를 고용하는 일이 선행되어야 하기 때문입니다. 그런데 왜 여태까지 이런 조치가 제대로 이루어지지 않았던 것일까요? 가장 큰 이유는 병원이 간호사를 넉넉하게 고용할 정도로 충분한 돈이 없기 때문이고, 이는 2장에서 다룰 '기피과' 문제와도 깊이 연결되어 있습니다.

2장

기피과와 진료보조인력(PA)의 탄생

2022년 5월, 충청권에서 가장 큰 종합병원이자 지역거점 국립대병원☆인 충남대학교병원이 보건복지부로부터 신장이식 수술 자격을 박탈당하는 일이 벌어졌습니다.[1] 신장이식 수술을 진행하기 위해서는 '혈관 외과'라는, 외과 내에서도 특수한 분과 전문의가 꼭 필요합니다. 그 역할을 20여 년간 홀로 담당하던 교수가 후임자를 구하고 자리를 비운 사이, 후임자가 퇴사하는 바람에 수술 가능한 인력이 0명이 되어 자격을 잃은 거죠. 대표적인 '기피과'로 분류되는 외과의 현실을 적나라하게 드러낸 사건이라고 할 수 있습니다.

그런데 칼로 생명을 살려 내는 외과가 대체 어쩌다 기피

☆ 국가 혹은 지자체에서 설립한 공공 의료 기관 중 해당 지역에서 의료적 거점 역할을 하는 국립대병원으로, 해당 지역에서 가장 큰 의료 기관이라고 보면 된다.

과가 된 것일까요? 여기에 대한 대답을 내놓기 위해서는 몇 가지 배경지식을 먼저 설명해야 합니다.

산부인과와 정신건강의학과, 뒤바뀐 위상

가장 먼저 알아야 하는 건, 의사들이 굳이 전문의 자격을 취득하려 하는 이유입니다. 종합병원에서 전문의 수련 과정을 밟고 있는 전공의☆는 종종 사람들에게 '학생 의사'라는 오해를 받습니다. 수련이라는 용어 자체가 특정한 완성 상태를 염두에 두고 여기에 도달해 가는 과정에 있다는 뉘앙스를 풍기니 현시점에서는 '제대로 된 의사'가 아니라고 여겨지는 거죠. 그런데 사실 이 사람들은 버젓이 의사 면허를 취득한 의사입니다. 본인이 동네에 의원을 개원할 수도 있고, 다른 병원에 취직해 일을 할 수도 있는 상태, 즉 일반의(general physician)인 거죠. 그런데도 전문의(medical specialist)가 되기 위해 고된 수련을 추가로 감내하는 겁니다. 이런 경향은 해외와 비교해도 두드러지는데, 경제협력개발기구(OECD) 가입국 의사 중 전문의를 취득한 사람의 비율은 평균 65%였습니다(2019년 기준). 반면에 한국에서는 의사 중 72.7%가 전문의 자격을 취득했죠.[2]

☆ 수련의라고도 하며, 영문 명칭인
  레지던트(준말 '던트')도 많이 사용된다.

다시 한번 강조하지만, 의과대학 졸업 후 면허 취득에 성공한 일반의들은 전문의 자격을 취득해야만 진료를 할 수 있는 게 아닙니다. 그럼에도 이렇게 많은 의사들이 굳이 고된 전공의 수련을 받는 데는 이유가 있습니다. 그게 일반의로 일하는 것보다 훨씬 더 금전적 이득이 크기 때문입니다. 고용됐을 때의 임금수준은 물론, 개원했을 때도 꽤 차이가 크죠.

전문의 자격 취득의 주된 이유가 수련을 마친 후에 얻는 몸값 상승이라고 한다면, 대입을 앞둔 고등학생처럼 '어느 과'를 갈지에 대한 고민이 시작됩니다. 전문의의 몸값도 철저하게 수요-공급을 따르는 편이거든요. 가령 1970년대와 1980년대에는 산부인과가 가장 선호되는 과였습니다. 당시 출산율이 높았을 뿐 아니라 피임에 대한 인식도 낮은 상태라 임신중절도 그만큼 많았거든요. 인천에 연고를 둔 가천대학교 길병원이 '이길여 산부인과'에서 시작했다는 것, 강남에 연고를 둔 차의과학대학교 차병원이 '차 산부인과'에서 시작했다는 걸 생각하면 그 시기에 산부인과가 얼마나 선호과였는지 짐작하실 수 있을 겁니다.

문제는 출산율이 곤두박질치고, 뒤에서 자세히 설명할 포괄수가제로 인해 현재는 산부인과의 사정이 그리 좋지 못하게 바뀌었다는 겁니다. 선호과이다 보니 산부인과 전문의 배출은 잔뜩 늘었는데 수요가 급감해 버린 거죠. 산부인과의 전공의 지원율은 총 26개의 전문 과목 중 끝에서 9등을 차지했습니다(2022년 기준).[3] 비슷한 운명의 소아청소년과도 끝에서 4등이라는 사실은, 수요가 급격히 줄어들면 공급도 줄어들 수밖에 없단 걸 보여 주죠.

반대의 사례도 있습니다. 과거에는 기피과여서 지원율도 낮고 전문의 숫자도 적었던 정신건강의학과 같은 곳이 그렇습니다. 2000년에 정신과 전문의의 숫자는 1,358명으로 전체 전문의의 약 3%에 불과했습니다. 그런데 점차 정신건강에 대한 인식이 개선되고, 우울증이나 불안장애 같은 상대적으로 가벼운 정신질환에 대한 수요가 늘어나자 정신과 전문의의 몸값이 부쩍 올라가기 시작했습니다. 그러자 정신과 전문의 자격 취득을 원하는 사람도 그만큼 늘었고, 2019년에는 3,932명으로 2000년 대비 약 3배 가까이 늘어났습니다.[4] 전체 전문의 숫자가 같은 기간 2배 정도 늘어난 데 비하면 정신과 전문의가 훨씬 더 빠르게 늘어난 거죠.

산부인과나 정신건강의학과는 사회적·문화적 변화와 맞물려 처지가 크게 바뀐 예이지만, 영상의학과와 같이 순전히 수요-공급에 따라 주기적으로 변동을 겪는 곳도 많습니다. 의사들이 특정 진료 과목의 장기적 전망이나 본인의 선호에 따라 수련 여부를 결정하니 어찌 보면 당연한 것이기도 합니다.

이런 사정을 잘 모르는 의료 서비스 이용자들은 '모자라

순위	진료과	정원	지원자	지원율
1	안과	99	175	177%
2	성형외과	71	122	172%
3	정형외과	193	321	166%
4	재활의학과	98	161	164%
5	피부과	69	113	164%
6	정신건강의학과	122	192	157%
7	영상의학과	136	214	157%
8	마취통증의학과	198	295	149%
9	이비인후과	104	138	133%
10	신경외과	88	112	127%
11	신경과	82	102	124%
12	내과	576	616	107%
13	진단검사의학과	39	41	105%
14	직업환경의학과	35	35	100%
15	비뇨의학과	50	50	100%
16	응급의학과	158	148	94%
17	방사선종양학과	23	19	83%
18	산부인과	143	100	70%
19	외과	178	121	68%
20	가정의학과	245	148	60%
21	병리과	60	31	52%
22	흉부외과	48	19	40%
23	소아청소년과	200	47	24%
24	핵의학과	16	3	19%
-	예방의학과	-	5	-
-	결핵과	-	-	-

2022년도 전국 수련병원 전문과목 레지던트 1년 차 지원 현황
(자료: 메티칼타임즈)

는 특정 분야 전문의를 강제로 시키면 되지 않느냐'ㄱ 생각할 수도 있는데요. 앞서 설명했듯 전문의는 의무 사항이 아니라 선택 사항일 뿐이며, 의사들이 추가적인 수련 과정을 통해 본인의 몸값을 더 올리려는 일종의 '자기 계발' 과정입니다. 다른 전문의 정원을 축소하고 부족한 분야의 정원을 늘린다면 그냥 전문의를 안 하는 선택을 내릴 수도 있죠. 물론 동네 의원에 '□□ 내과'와 같은 전문 과목을 명시하려면 전문의 자격을 취득해야만 하고, 내시경이나 초음파 같은 전문적인 기술은 전공의 수련 과정을 거치지 않으면 제대로 배울 곳도 마땅찮습니다. 그럼에노 뭔치 않는 과에 대한 추가 수련을 강제한다면 그냥 전문의 안 하고 말지 굳이 기피과를 갈 이유는 없다는 거죠.

아예 피부 미용이나 성형처럼 건강보험이 적용되지 않는 비보험 분야에 종사할 수도 있으니 선택지는 넓습니다. 피부과나 성형외과 '전문의'도 따로 있긴 하지만, 역시 해당 분과 전문의여야만 관련 의료 행위를 할 수 있는 건 아니거든요. 법적으로 의사는 면허 취득 직후 모든 종류의 의료 행위를 할 수 있으나, 관련 기술과 지식을 갖췄다는 별도의 '자격'을 얻기 위해서 추가 수련을 통해 전문의 자격을 취득하는 것이니까요.

그런데 장 도입부에 언급한 외과 기피 현상은 이렇듯 수요-공급에 따라 변동하는 일반적인 선호과 및 기피과의 부침과도 상황이 좀 다릅니다.

외과 전문의 일자리가 없다?

앞서 살펴봤듯, 의료 역시 사회적·문화적 변화에 많은 영향을 받습니다. 사회 전반의 가치관이 변하면서 사람들이 예전보다 아이를 덜 낳을 수도 있고, 부정적인 편견이 옅어지며 본인의 정신 건강에 더 관심을 가질 수도 있습니다. 반면에 대형 화물 트럭에 치이는 교통사고로 복합적인 중증 외상을 입은 사람이라든가, 흉기에 수차례 찔려 주요 장기에 손상을 입고 의식을 잃어 가는 사람이 수술받을지 말지 여부는 사회적·문화적 변화에 그리 큰 영향을 받진 않을 겁니다. 실제로 주요 외과 수술에 대한 수요는 의학의 역사 내내 꾸준하게 존재했고, 항생제가 개발되고 새로운 수술 기법들이 연구되면서 과거에는 엄두를 내지 못했던 수준의 수술도 가능하게 되자 수술 건수는 더욱 늘었습니다. 외과 의사에 대한 수요는 거의 줄어든 적이 없다는 뜻입니다. 일반적인 수요-공급 이론으로만 따지자면 늘어난 수요에 맞춰 해당 분야 전문의도 계속 늘어나야만 한다는 거죠. 그런데도 의사들이 외과 전문의로

☆ 가슴 부위(흉부)의 주요 장기인 심장과 폐에
　대한 외과적 수술을 전담하는 진료과로,
　동맥이나 정맥 같은 혈관에 대한 수술이나
　시술도 담당한다.

서 추가적인 수련을 받는 걸 기피하는 데는 몇 가지 이유가 있습니다.

첫 번째는 외과 계열 전문의로 일하는 게 개인에게 위험 부담이 크다는 인식을 갖고 있어서입니다. 2020년 보건복지위원회 국정감사에는 대한흉부심장혈관외과학회 회장인 김 웅한 교수가 증인으로 참석했습니다. 외과 계열 진료과 중에서도 가장 큰 기피 대상인 흉부외과☆ 전문의인 그는 '기피과' 문제에 대한 질의를 이어 가다 이런 어려움을 토로합니다.[5]

> … 의료사고 생기면 무조건 소송입니다. 저도 지금 소송 중인 게 있고, 제가 신이 아닌 다음에는 100% 다 살릴 수 없는데 환자가 잘못되면 소송이 무조건 10억 이상입니다. … 이러면 병원장이 (사망 위험이 큰 과는) 폐쇄할 수밖에 없습니다. 그래서 전국에 지금 소아 심장 수술하는 데가 대여섯 군데밖에 안 남았습니다.

의사도 사람인 이상, 어려운 외과 수술을 하는 것에 대한 심리적 부담감이 기본적으로 있는데 실패에 대해 심각한 수준의 법적인 책임을 지게 될 수도 있다는 부담까지 덧씌워진다는 거죠. 물론 일부에선 이런 위험이 과장되었다는 주장도 나옵니다. 의사들의 의료 소송 패소율이 낮다는 건데요. 국내에서는 직접적인 의료 소송이 이루어지기보다는 의료분쟁조정중재원을 통해 조정이 이루어지는 경우가 훨씬 많습니다. 한국에서 연간 제기되는 의료 소송은 900건 정도인데,[6] 2019년에 새로 의료분쟁 조정이 신청된 건수는 무려 2,824건이거든요.[7] 이 중 86.5%가 조정이 성립되었으니, 법적 책임에 대한 공포가 과장이라고 보기는 어렵습니다. 당사자인 의사들은 이런 상황을 큰 부담으로 인식하고 있기에, 굳이 위험부담을 더 크게 져야만 하는 외과계 전문의 수련을 받지 않으려는 거고요.

외과를 기피하는 두 번째 이유는 이런 위험부담을 사명감으로 견디며 외과 계열 전문의를 취득하더라도, 생각보다 갈 곳이 마땅치 않다는 겁니다. 일반적으로 의사들이 추가적인 수련을 거치면서도 전문의를 취득하는 이유는 그만큼의 추가적 소득이 따라오기 때문입니다. 대부분은 '□□ 내과', '□□ 이비인후과' 같은 동네 의원을 개원해 '원장님'이 될 수 있으니까요. 그런데 어떻게 하더라도 최소 병원급 이상의 의료 기관 내에서만 활동 가능한 과가 있다는 게 문제입니다.

가령 흉부외과 같은 곳은 단독으로 개원하기가 거의 불가능합니다. 일반적으로 심장이나 폐 수술을 할 때는 심장내과나 호흡기내과와 같은 과와 협진을 하는 경우가 많고, 암과 같은 질환이라면 종양내과나 진단검사의학과나 병리과 같은 곳도 참여하게 됩니다. 수술 현장에도 흉부외과 의시 하나만 있다고 되는 게 아니라 수술실에서 고도의 숙련을 쌓은 간호사들은 물론 마취통증의학과 전문의도 필수적으로 참여해야 하며, 수술이 끝난 후에도 환자가 입원 상태로 집중적인 간호를 받으며 회복 기간을 보내야 하죠. 수술실에서 사용되는 각종 설비와 장비는 물론이고 진단과 검사 장비도 엄청나게 많이 필요하니, 이런 고정비용을 감당하려면 실질적으로 병원급의 규모를 유지해야만 합니다.

그런데 이런 병원에서 고용할 수 있는 전문의의 숫자에는 세한이 있을 수밖에 없고, 흉부외과 전문의를 취득한 이들은 수련 후에 갈 곳이 마땅치 않아 본인이 숙련을 쌓은 고난도 수술보다는 혈관 등을 대상으로 하는 가벼운 시술을 하며 살아가게 됩니다. 심지어는 수련을 통해 취득한 흉부외과 전문의 자격을 사용하지 않고 요양병원 등에서 근무하는 사례도 있습니다. 가뜩이나 지원자도 별로 없는데, 어렵게 배출된 전문의조차 일자리가 없어 자격증을 제대로 살리지 못한다는 거죠.

이런 상황을 타개하기 위해서는 종합병원급에서 외과계 '전문의'를 더 많이 고용해야 하지만 그럴 정도의 돈이 없다는 게 문제입니다. 1장에서 살펴본 것처럼 상대적으로 인건비 부담이 적은 간호사도 넉넉히 고용하질 못하고 있는데, 그보다 인건비가 훨씬 많이 들 외과계 전문의를 충분히 고용할 수 있을 리가요. 8장에서 더 상세히 설명하겠지만, 이런 인력 공백을 채우고 있는 게 바로 전공의들입니다. 어쨌거나 '수련'을 받고 있으니 전문의와 비교하면 매우 저렴한 임금으로 장시간 노동을 시켜도 이를 감내하거든요.

그렇지만 흉부외과는 기피과라 값싸게 인력을 제공할 전공의조차 거의 없는 상황입니다. 종합병원에 남아 전공을 살릴 행운을 얻은 이들이 하루 평균 13시간씩 주 6일 근무하는☆ 엄청난 격무에 시달리는 구조죠.[8] 관련 문제 제기가 꾸준히 있었기에 흉부외과 수술에 대해 지급하는 의료 서비스 가격을 2배로 올리고 전공의에게 50만 원의 추가 수당을 지불하는 조치도 이루어졌으나, 2022년 흉부외과 전공의가 되겠다고 지원한 사람은 전국에서 19명이 고작이었습니다.[9] 전문의가 아닌 일반의로도 충분히 직능을 살릴 수 있는 데다, 전문의가 되기 위해 추가적인 수련을 밟고자 한다면 훨씬 더 매력적인 과가 많으니 엄청난 사명감이 아니라면 굳이 흉부외과를 고르지 않는 겁니다.

흉부외과는 조금 극단적인 예이기도 하지만 외과계 전반의 상황이 이렇다고 볼 수 있습니다. 그러니 정말 사람 살리는 일 자체에 큰 보람을 느끼고, 거의 매일 수술방에 붙어 있는 삶에도 그럭저럭 만족하는 사람들만 외과 계열 진료과를 선택해 수련받게 되었습니다. 말 그대로 '기피과'가 되어 버

☆ 문재인 정부에서 근로기준법 개정을 통해 주 52시간 상한 근무 제도를 도입했으나, 보건의료계나 운수업 등은 이 법의 제한을 받지 않는 특례업종이라 해당 사항이 없다.

린 거죠.

　그런데 앞서 얘기했듯, 외과 수술은 사회·문화적 변화와
도 무관한 꾸준한 수요가 있습니다. 이처럼 수요는 꾸준히 많
은데도 공급이 부족한 상태는 지속이 불가능합니다. 그러니
이 상황을 해소하기 위해 등장하게 된 게 바로 합법과 불법의
경계에 서서 의사 업무의 일부를 대신 수행하는 간호사인 진
료보조인력(physician assistant, PA)입니다.

쉴대조차 불빙확한 진료보조인력(PA)

　진료보조인력 얘기에 앞서, 한 가지 먼저 정리해야 될 부
분이 있습니다. 간호사가 의사 업무의 일부를 대신 수행한다
는 게 정확히 무슨 말일까요? 의료인에 대한 권한과 규정을
망라하는 법은 의료법으로, 여기서 간호사의 업무는 "의사,
치과의사, 한의사의 지도하에 시행하는 진료의 보조"라고만
규정되어 있습니다.[10] 1장에서 잠시 설명했던 그 모든 업무를
일일이 열거해서 '이러이러한 것만 가능하다'고 할 수도 없
고, 반대로 간호사가 할 수 없는 업무를 일일이 열거해서 '이
러이러한 것을 제외하곤 전부 다 가능하다'고 할 수도 없으니
포괄적으로만 규정해 둔 것인데, 이 모호한 규정이 문제를 만

듭니다. 간호사는 과연 의료에서 어느 업무까지 해도 괜찮은 것일까요?

의료 현장에서 '의사가 해야만 하는 일'과 '간호사도 할 수 있는 일'의 구분은 암묵적이긴 하나 비교적 명확한 편입니다. 가령 환자에게 약을 처방하는 행위는 의사 고유의 영역이라고 할 수 있죠. 그런데 실제 의료 현장에서는 의사 인력의 부족으로 인해 '처방용 의사 ID와 비밀번호'를 병동에서 공유하며 간호사가 대리 처방을 내는 경우가 생각보다 흔합니다. 가령 환자가 통증을 호소해서 간단한 진통제 주사를 놓는 걸 생각해 볼까요? 환자가 통증을 호소할 때마다 매번 간호사가 의사에게 구두로 요청하고, 다시 의사가 전산상으로 처방을 낸 다음, 간호사의 확인을 거쳐 약을 투여하는 건 너무 오래 걸리고 번거롭습니다. 이 과정을 편법으로 '단축'한 거죠.

의사의 태만 때문이라는 질타도 가능하겠지만, 대한전공의협의회의 조사에 따르면 전공의 1인이 평균적으로 담당하는 환자 숫자는 17~19명으로 이미 간호사 1인 담당 환자 수의 2배 가까운 환자를 맡는 업무 과다 상태입니다(2019년 기준).[11] 이런 상태가 지속되니 '의사가 해야만 하는 일'의 범위가 조금씩 '간호사도 할 수 있는 일'의 영역으로 옮겨 가기 시작했고, 의사 업무 영역의 상당 부분을 담당하는 진료보조인력과 같은 간호사들이 등장하게 된 거죠. 그런데 이게 그리 이상한 일은 아닙니다.

특정 의료 직역의 업무 영역은 생각만큼 그리 고정적이지 않습니다. 당장 과거의 한국만 보더라도, 의약분업이 시행된 2000년도 이전에는 처방전 없이 약국에 가더라도 바로 약을 조제받을 수 있었습니다. 반대로 동네 의원에서도 진료 후 처방전만 주는 게 아니라 간호사(혹은 간호조무사 등의 다른 직원)가 직접 약을 조제하여 환자에게 줬었죠. "진료는 의사에게, 약은 약사에게"라는 표어가 당연한 요즈음에는 잘 상상이 안 가는 일인데, 이런 것이 허용됐던 이유는 의사 수가 너무 부족해서 약사가 일차의료(primary care)☆ 수요를 일부 분담해야만 했기 때문입니다. 이제는 대부분 지역에서 그렇게 할 이유가 전혀 없으나, 약국이나 동네 의원이 하나만 있는 도서 지역은 의약분업 예외 지역으로 규정되어 여전히 그런 식의 처방 및 조제가 가능합니다. 의료 접근성이 낮은 지역에서만 예외적으로 허용하는 식이죠.

선진국에 속하지만 국토가 너무 넓은 탓에 의료 접근성이 낮은 지역이 많은 미국이나 호주에서는 이런 이유로 약사가 예방접종을 시행하기도 합니다. 더 상황이 나쁜 개발도상국에서는 아예 간호사가 의사와 약사 역할을 겸하기도 하니, 각국의 처지에 따라 업무 범위를 재량껏 정하고 관리한다고 보는 게 합리적일 겁니다. 세계적 기준으로 보면 충분히 가능

☆ 환자가 건강에 이상을 느낄 때 가장 먼저 접근
  가능한 의료. 통상적으로는 동네 의원이
  담당하지만 약국도 일부 수행하고 있다.

한 직무 변경이란 거죠.

이와 같은 관점에서 보면 진료보조인력이 존재하는 것 자체는 이상한 일이 아니지만, 명확하게 합법화된 자격 등을 부여하고 있는 게 아니다 보니 종합병원마다 진료보조인력에 위임하고 있는 업무 범위가 서로 다르다는 게 문제입니다. 의사-간호사는 의사-약사와 비교했을 때보다도 직역의 업무가 겹치는 범위가 훨씬 넓은 데다, 의사의 감독 및 지시를 어떻게 해석하느냐에 따라 간호사가 할 수 있는 일의 범위가 매우 다양해지기 때문이죠. 어떤 병원에서는 정말 보조적인 역할만 하는 반면, 또 어떤 병원에서는 주요 수술 종료 후 봉합 등의 뒤처리를 PA 간호사 혼자 전담하기도 하죠. 정말 심각한 곳은 PA 간호사가 주요 수술에서 일부 집도를 하는 곳도 있을 정도니 정말 병원마다 용어만 'PA'로 같을 뿐 실제로 위임받는 업무는 천차만별인 겁니다.

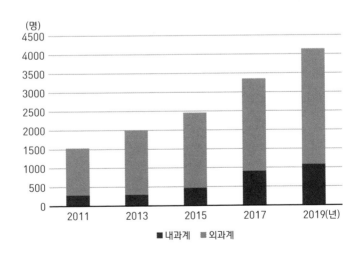

PA 간호사 숫자 변화
(자료: 병원간호사회)

실제로 병원간호사회 통계 자료를 보면 2010년에 1,000명 남짓하던 PA 간호사는 2019년에 약 4,100명으로 4배 가까이 늘어났습니다.[12] 외과계 기피 현상이 지속되어서이기도 하지만 전공의 근로시간을 최대 주 80시간☆으로 제한하는 '전공의 특별법'이 통과되자 내과계에서도 인력 부족을 만회하기 위해 PA 간호사를 대폭 늘린 탓입니다. 엄격하게 따지자면 현행법상으로는 '의사가 해야만 하는 일'의 영역에 해당하는 업무를 간호사가 점차 넘겨받고 있으니, 불법 의료 행위로 고발당하면 법적 책임을 감수해야 할지도 모르는 위태로운 상태죠.

이번 장에서 반복적으로 살펴봤듯 전문의 수련 과정은 선택 사항에 가깝기에, 원치 않는 사람을 강제로 붙잡아 둘 수는 없습니다. 그러니 현재의 어정쩡한 상태를 해결할 방법은 두 가지입니다. 종합병원에 정식으로 고용되어 일하는 '전문의'를 늘리거나, 아예 PA 간호사의 업무 범위 등을 명확히 하고 이를 법제화하는 방식이죠. 전자와 같은 방식을 입원전담의(hospitalist)라고 부르는데, 정부에서는 건강보험 재정 부담 등을 이유로 이를 꺼리는 형편입니다. 전공의와 비교하면 너무 인건비가 많이 지출된다는 겁니다.

후자의 경우는 PA를 전격적으로 합법화하는 방식인데, 의사 고유의 업무 범위가 줄어들게 된다는 의사협회 측의 강

☆ 별도 규정을 통해 8시간의 추가 근무까지 가능하므로 실제로는 주 88시간이 최대한도이나, 이마저도 각종 편법을 동원하는 탓에 제대로 지켜지지 않는 경우가 많다.

한 반발에 부딪히고 있습니다. 당사자라 할 수 있는 간호사협회조차 미적지근하게 대응하고 있다는 문제도 있죠. 아무런 추가 수련이나 수당도 없이 간호사에게 과중한 의사 업무만 떠넘기는 PA와 같은 변칙적인 제도가 아니라, 전문의와 같이 전문적인 자격 이수 과정을 거쳐 배출되는 전문간호사 제도(Advanced Practice Nurse)☆가 버젓이 존재하고 있으니 이쪽에 더 힘을 쏟아야 한다는 입장입니다. 법적으로 전문간호사만이 할 수 있는 추가적인 행위와 권한을 명확히 하고, 그에 따른 추가적인 수당과 같은 보상도 제시되어야 한다는 거죠.

둘 중 어느 쪽이든 인건비 부담이 늘어나는 것은 마찬가지입니다. 그런데 대체 왜 종합병원이 인력 충원을 위한 인건비조차 부족한 상태가 된 걸까요?

☆ 의사가 수련을 거쳐 전문의 자격을 취득하는 것처럼, 특정 분야에 대한 교육 이수를 조건으로 간호사에게도 별도의 자격을 부여하는 제도. 중환자 전문간호사, 응급 전문간호사 등의 13개 분야가 있다.

3장

의료진 대신 검사 장비로 가득한 병원

사람들이 종합병원이라고 하면 떠올리는 것 중 하나는 무수히 많은 수의 최첨단 검사 장비일 겁니다. 컴퓨터단층촬영(CT) 장비나 자기공명영상(MRI) 장비 같은 건 물론이고 생전 처음 들어 보는 이름의 다양한 의료 기기와 검사 장비가 산처럼 쌓여 있죠. 이건 그냥 느낌이 아니라 실제로 한국에는 진단·검사 장비가 다른 나라에 비해 굉장히 많은 편입니다. 가령 한국의 CT 장비 수는 인구 100만 명당 39.6대로 OECD 평균인 28.4대를 훌쩍 뛰어넘습니다(2019년 기준). MRI 장비는 인구 100만 명당 32대로, OECD 평균인 18.1대의 거의 2배에 가깝죠.[1] 앞서 1장과 2장에서 한국 병원은 현재 여유 있는 의료 인력을 갖추기도 힘들 정도로 재정적 어려움이 있다고 설명했는데, 어떻게 이 많은 장비를 보유할 수 있는 것일까요?

'진료'는 짧아지고 '검사'는 길어지는 이유

우리나라 종합병원 수익 구조를 살펴보면 무척 특이한 점을 하나 찾아낼 수 있습니다. 병원에서 의료 행위를 통해 얻는 수익 중 가장 큰 비중을 차지하는 것이 '검사료'라는 점입니다. 한국보건산업진흥원에서 발표하는 『병원경영분석』자료☆에 따르면 국내 상급종합병원이 올리는 의료 수익 중 1위는 '검사료'로, 전체의 18.7%를 차지했습니다.[2] '방사선료'도 전체의 14%를 차지했는데, 여기에는 항암 치료 목적의 방사선요법 비용도 포함되어 있긴 하지만 흔히 받는 CT나 X-ray 비용의 비율이 더 큽니다. 종합하면, 병원이 올리는 의료 수익의 30%가량이 넓은 범주의 '검사' 비용인 겁니다.

반면에 의사 고유의 영역이라 할 수 있는 '진찰료'의 비중은 고작 6.2%에 불과했죠. 상급종합병원의 수익 중 입원실료가 11.4%를 차지하는 걸 고려하면, 병실 비용이 의사가 진찰하는 비용보다 훨씬 더 높은 셈입니다. 이해를 돕기 위해 상황을 더 단순화해 볼까요?

☆ 지금은 관련 통계 생산이 중단되어 가장 최신인 2015년 자료를 참고했다.

당신이 종합테마파크를 운영하고 있다고 가정해 봅시다. 전체 수익의 20%는 입장료이고, 놀이기구 수익이 34%, 음식 판매 수익이 20%, 각종 액티비티 수익이 20% 정도인데, 정작 야심차게 홍보에 이용했던 전문 캐리커처 작가들의 수익은 6%밖에 되지 않는 상황입니다. 합리적인 경영자라면 수익의 가장 큰 부분을 차지하는 첨단 놀이기구에 대한 설비 투자를 대폭 늘리고, 캐리커처 작가는 구색을 갖추는 정도로만 유지해서 인건비 지출을 최대한 낮추는 게 가장 합리적인 선택일 겁니다.

이와 아주 비슷한 과정이 종합병원에서도 똑같이 일어났고, 이것이 1장과 2장에서 살펴봤던 '병원의 인력 부족과 병원에 가득 들어찬 현대적 진단·검사 장비'라는, 언뜻 보기엔

순위	항목	상급종합병원	종합병원 (300병상 이상)	종합병원 (160-299병상)
1	검사료	19%	15%	13%
2	처치수술료	17%	14%	15%
3	방사선료	14%	13%	14%
4	주사료	13%	9%	9%
5	입원실료	11%	15%	16%
6	기타	7%	14%	7%
7	진찰료	6%	7%	8%
8	투약처방료	6%	4%	3%
9	마취료	2%	1%	2%
10	식대	1%	3%	3%
11	치과료	1%	1%	1%
12	이학요법료	1%	2%	2%
13	정신요법료	1%	0%	1%
14	한방료	0%	1%	5%

종합병원 의료 수익 통계 (자료: 한국보건산업진흥원)

모순적인 상황이 유지되는 비밀입니다. 진단·검사는 수익이 크지만 인적 행위는 돈이 덜 되니까요. 의료 인력을 더 고용하느니 그 돈으로 장비를 사는 게 나은 겁니다.

그렇지만 오해는 말아야 할 것이, 의사들이 돈을 더 벌기 위해 굳이 할 필요가 없는 검사를 더 늘리는 건 아닙니다. 한 점 의혹도 없는 100% 명확한 진단을 위해서는 100의 검사가 필요하다고 할 때, 50 정도로도 충분하다고 판단하는 의사와 70 정도는 검사해야 진단을 내릴 수 있다고 판단하는 의사, 아예 100을 다 해야 한다는 의사도 있으니 검사량에 차이가 날 뿐이죠.

어쨌거나 현행 의료비 책정 구조는 의료인이 정량화하기 힘든 방식으로 수행하는 업무에 대해서는 보상이 무척 인색하지만, 정량화가 가능한 진단·검사 장비 사용량에 비례하는 명확한 금전적 보상이 돌아오는 방식입니다. 그 원인은 다양할 수 있습니다. 사회적 신뢰가 낮은 탓에 정량화되지 않은 행위에 대한 비용 청구가 제대로 이루어지지 않을 것이라는 의심이 강해서일 수도 있고, 애초에 전문적 상담의 가치를 그리 높게 두지 않는 사회적 인식이 반영된 것일지도 모르죠.

결과적으로 주어진 조건이 이러니 의사는 개별 환자를 최대한 짧게 진료하고, 짧아진 진료 시간으로 인해 명확히 파악하지 못한 환자의 상태에 대한 정보를 벌충하기 위해 다양한 검사를 처방함으로써 진단에 필요한 정보를 충분히 모아야만 합니다. 그런 결과들을 받아 최종 진단이 나오면 빠르게 약을 처방하고 다른 환자를 봐야만 하죠. 종합병원에서 의사의 대면 진료는 잠깐이지만, 이런저런 검사를 한다고 몇 시간씩 병원 안을 떠돌아다니는 데는 이런 사정이 있습니다. 묘한 냉대에 환자들도 불만이 많지만, 진료하는 의사들도 불만이 많은 건 마찬가지입니다. 병원의 수익 구조가 그렇게 돼 있으니 어쩔 도리가 없을 뿐이죠.

여기에 추가적인 운영상의 이점도 덧붙습니다. 의사는 인건비가 매우 비쌈에도 불구하고 한 번에 한 명의 환자를 보는 게 전부인데, 각종 진단·검사에서는 의사보다 인건비가 저렴한 간호사나 의료 기사가 상대적으로 많은 환자를 동시에 수용할 수 있다는 점입니다. 가령 혈액검사를 예로 들어 보겠습니다. 채혈 진행 시에는 간호사나 임상병리사가 환자와 1:1로 숫자가 맞춰질 수밖에 없지만 그 이후 단계는 다릅니다. 환자 숫자만큼 혈액 분석 장비가 필요하지도 않거니와, 주요 혈액검사 결과도 거의 자동화된 형태로 분석되어 디지털 자료로 제시됩니다.

혈액검사만이 아닙니다. MRI나 CT 장비가 값비싸다곤 하지만 최소한의 운영 인원만 확보하면 24시간 돌릴 수 있으므로, 대형 종합병원에서는 새벽에도 쉼 없이 장비를 돌리며 환자들을 촬영대 위에 올리고 있습니다. 그런데 이렇게까지 하는데도 병원이 의료 부문에서 적자를 보고 있다는 게 문제입니다.

'의료'보다 '의료 외' 수익이 더 큰 종합병원

국립대 병원 중 가장 큰 규모를 유지하고 있는 서울대학교병원은 한 해 동안 의료 수익☆으로 1조 1,385억여 원을 올렸습니다(2019년 기준). 엄청난 규모이긴 한데, 그만큼 의료 비용도 많이 들어 1조 1,529억여 원을 지출했죠. 결과적으로 서울대학교병원은 의료 행위를 통해 얻은 이익은 없고, 되레 손실을 144억여 원이나 입은 셈입니다.[3]

누군가는 이런 상황을 두고 국공립병원이라서 방만한 경영을 한 탓이라고 손가락질할지도 모르겠지만, 같은 해 삼성서울병원은 의료 부문에서 292억여 원의 손실을 봤다는 걸 고려하면 민망한 지적입니다. 흑자를 본 서울아산병원도 매출액 대비 실제 이익을 뜻하는 영업이익률은 고작 3% 수준인 데다, 가톨릭대학교 서울성모병원도 2.5% 정도의 영업이익률을 올리고 있으니 실질적으로 수익 창출을 하고 있다고 보긴 힘든 상태인 거죠.

☆ 진찰료, 주사료, 검사료, 입원실료 등
  의료 행위를 통해서 얻은 이익을 말한다.
  반대로 의료 행위에 필요한 치료재료비,
  인건비, 약품비 등은 의료 비용으로 묶인다.

일반적인 식당, 숙박업 같은 서비스업의 영업이익률이 5~6%, 전문적인 과학기술 서비스업의 영업이익률이 11~12% 수준인 걸 고려하면 의료 분야 최고급 전문 서비스 인력이 모인 종합병원의 수익률이 이들 업종에 비해 매우 낮다는 걸 알 수 있습니다. 그럼에도 이런 종합병원이 망하지 않고 버틸 수 있는 건 의료 부문에서의 이익보다 비의료 부문에서의 이익이 훨씬 크기 때문입니다.

다시 서울대학교병원의 회계 자료로 돌아가 보면, 서울대학교병원에서는 같은 해 '의료 외 수익'으로 254억여 원의 이익을 올렸습니다. 종합병원에 '의료 외 수익'이 있다니 좀 이상하게 생각될 수도 있지만, 거창한 이름과 달리 병원 내에 갖춰진 장례식장이나 주차장, 매점 같은 시설 운영을 통해 얻는 부대 수익과, 제약 회사나 국가기관 등에서 의료 연구나 임상시험 진행을 수탁하여 받는 연구비가 전부입니다.

평범하게 진료만 봐서는 144억의 적자를 봤지만, 의과대학 교수들이 열심히 연구 과제를 따 오고 장례식장이 성황인 덕분에 254억의 흑자를 봤으니 서울대학교병원이 최종적으로 올린 이익은 110억 원입니다. 의료 기관이 기본적으로 '비영리 법인'이긴 하지만 의료 행위만 해서는 적자를 보는 상태라면 정상적인 상황이라 보긴 어렵습니다. 외부에서 재원이 투입되지 않는다면 현상 유지도 힘든 거니까요. 예전에는 그래도 국공립병원이면 적자를 보더라도 어느 정도 양해가 됐었지만, 2013년에 경상남도 진주시의 도립 공공의료원인 진주의료원이 지나친 적자를 이유로 폐원☆되는 일이 있었다는 걸 고려하면 문제가 그리 가볍지는 않습니다. 국공립 의료 기관도 이럴진대 민간에서 설립한 종합병원이라면 문제가 더 크죠.

이렇듯 종합병원이 화려한 외양과 달리 수익성 측면에서 매우 열악한 상황이라는 건 알게 됐습니다. 그러니 1장과 2장에서 살펴본 것처럼 인력 고용을 최소화하려는 것도 이해는 갑니다. 하지만 돈이 없어서 인력조차 충분히 고용하지 못하는 상황과, 값비싼 첨단 장비를 엄청나게 보유하고 또 새로 구매하고 있는 상황은 동시에 일어나기 힘든 일입니다. 당장 식탁에 올릴 빵조차 없는데, 값비싼 케이크를 대신 먹을 수는 없으니까요. 정확히 이 부분에 '병원은 늘 적자'라는 주장의 모호한 비밀이 숨어 있습니다. 의료 기관에서 의료 기기를 구매하는 비용은 일반적인 기업에서의 회계와 달리 '비용'으로 처리할 수 있거든요. 복잡한 개념이니 예시를 들어 쉽게 설명해보겠습니다.

만약 당신이 10억 원 상당의 아파트 한 채를 갖고, 매월 100만 원의 월급을 받으며 살고 있다고 해 봅시다. 이런저런 생활비로 지출되는 돈은 매월 80만 원이고요. 그렇다면 당신의 '손익계산서'에는 소득 100만 원에 지출이 80만 원, 순이익

☆ 정치인 홍준표는 경상남도 도지사 재임 중이던 2013년 '귀족노조의 도덕적 해이'와 '수익성 악화로 인한 적자 누적'을 이유로 진주의료원 폐쇄 결정을 내렸다.

이 20만 원이라고 적을 수 있습니다. 그런데 어느 날 보유 중이던 10억짜리 아파트를 판매하기로 결심했다고 해 보겠습니다. 아파트를 팔고 10억을 받았다고 해서, 그달의 손익계산서에 순이익을 10억 20만 원으로 적을 수는 없습니다. 회계학적으로는 '아파트' 형태의 10억이 '현금' 형태의 10억으로 '교환'되었을 뿐 내 자산은 그대로거든요. 반대로 10억을 주고 아파트를 구입한다고 하더라도, 손익계산서에 아파트 관련 비용이 들어가지 않습니다. 내가 갖고 있던 현금 10억이 아파트 한 채로 바뀐 것뿐이니까요. 애초에 회계에서 비용의 정의가 '자산의 감소나 부채의 증가'로 되어 있으니 당연한 겁니다.

이런 원칙은 일반 회사는 물론이고 병원에도 똑같이 적용되기에, 원칙적으로는 병원에서 의료 기기를 구매하는 것도 손익계산서에는 들어가지 않아야 합니다. 그런데 현행 법인세법에서는 의료 기관에서 의료 기기를 구매하는 비용을 손익계산서의 '손실'란에 넣을 수 있도록 허용해 주고 있습니다.[4] 병원에서 현금 10억을 10억짜리 의료 기기로 '교환'했

2013년 5월 진주의료원 폐업 철회 촉구 집회 (사진: 연합뉴스)

을 뿐인데, 손익계산서에는 해당 거래를 통해 '10억의 현금 손실'이 발생했다고 적을 수 있다는 겁니다.

이런 식의 회계 처리를 '고유목적사업준비금'이라고 하는데, 원래는 손실로 잡지 말아야 할 것을 비영리기관에 대한 회계적 특혜 탓에 손해로 잡다 보니 병원의 수익 상태가 실제보다 더 나쁘게 인식되는 오류를 만들어 냅니다. 병원 재정이 어려우니 의료 기기 구매라도 국가가 세금 감면의 형태로 보조하려는 게 무조건 나쁜 건 아니지만, 이런 사정을 모르고 보면 병원의 적자 규모를 오해할 수도 있다는 거죠. 물론 앞에 제시한 의료 수익과 의료 비용 등의 값들은 제가 해당 비용을 배제한 값이니, 이를 고려하더라도 실제로 적자이거나 아주 낮은 수준의 이윤이 남는 상황인 건 마찬가지입니다.

정리하자면 이렇습니다. 종합병원에서는 의사 등의 전문적 인력이 인적 행위를 통해 얻는 수익보다 의료 기기를 이용하여 진단·검사를 하는 수익이 훨씬 크며, 운영 측면에서도 장점이 있습니다. 게다가 의료 기기 구매에 대해서는 회계적 특혜까지 주고 있죠. 종합병원의 입장에서는 충분한 인력을 확보하는 것보단 새로운 장비를 계속 채우는 것이 훨씬 나은 선택지이고, 또 그래야만 가까스로 유지라도 되는 구조인 겁니다. 그런데 이런 기형적 수익 구조는 다시 새로운 문제를 불러오고야 맙니다.

동네 병원 의사 vs 종합병원 의사

2장에서 의사들이 굳이 전문의가 되려는 이유를 '개원'이라고 설명했습니다. 힘든 수련을 다 받고, 심지어는 1~2년 정도의 추가 수련 과정까지 더 거친 사람들이 대학병원 문을 나서서 본인 이름을 걸고 '□□□ 내과'와 같은 동네 의원을 개원하게 되는 거죠. 바꿔 말하자면, 소수인 의과대학 교수를 제외하면 종합병원 근무 인력보다 동네 의원 전문의가 실력과 경륜이 더 뛰어난 사람들이라는 말이 됩니다. 종합병원에 근무 중인 의사의 절대 다수는 전공의인데, 이들이 4년여 동안 수련 과정을 모두 마치고 전문의 자격증을 취득한 상태로 동네 의원에서 진료를 보는 것이니까요.

그런데 이런 얘기를 하면 굉장히 많은 사람들이 의외라는 반응을 보입니다. 동네 의원의 푸근한 중년 원장님이, 의학 드라마에 나오는 젊고 멋진 종합병원 의사보다 실력이 낮다는 게 언뜻 이해가 안 가기도 하거니와, 조금만 중병이어도 '큰 병원 가라'는 얘기를 듣다 보니 은연중에 동네 의원이 종합병원보다 실력이 부족하겠거니 짐작하고 있었기 때문이죠.

동네 의원에서 큰 병원을 추천하는 건 본인의 실력 문제가 아니라 검사 장비를 비롯한 설비 때문입니다. 종합병원에서야 24시간 설비를 돌리니 막대한 시설과 장비 비용을 감당할 수 있지만 동네 의원에서는 그럴 수가 없습니다. 그러니 그런 검사가 가능한 종합병원급 의료 기관 방문을 추천하는 거죠. 의사의 실력보단 장비와 규모의 차이가 존재하는 것인데, 긴 수련을 마치고 전문의를 딴 개원의 입장에선 꽤 부당한 오해를 받는 셈입니다. 비유하자면 대학원을 졸업한 나이 지긋한 박사가, 현재 학위 과정을 밟는 대학원생보다 무능하다고 여겨지는 식이랄까요? 의사 개인의 억울함으로 그친다면 다행이지만 이런 오해가 의료 체계 차원에서 또 다른 문제를 만들고 맙니다.

원칙적으로 '입원'이 필요한 실환이 아니면 굳이 병원을 갈 필요가 없고, 그중에서도 종합병원은 정말 중증이나 응급 질환 및 희귀 질환처럼 동네 의원의 '시설'로는 감당하기 힘든 질환을 앓는 환자를 위해 많은 인력과 장비를 갖춘 곳입니다. 여기에 해당하지 않는 고혈압이나 당뇨병 같은 만성 질환 환자는 동네 의원을 다니는 게 의료이용체계(healthcare delivery system)☆ 측면에서 훨씬 더 바람직하죠. 그런데 동네 병원 의사가 실력이 없다는 식의 '오해'를 하게 되니, 이런 환자들도 무조건 대형 종합병원을 찾아가는 경우가 많습니다.

당연한 말이지만, 내 건강을 위해 기왕이면 더 실력 있는 사람한테서 진단을 받고 싶다는 욕구가 부당한 건 아닙니다. 그렇지만 애초에 '실력'에 대한 인식이 오해에 가까운 데다,

☆ 의료 자원의 효율적 분배를 통해 의료 서비스를
  필요로 하는 국민 모두가 적정 진료를 이용할 수
  있도록 해 주는 의료 체계. 원어를 직역한
  '의료전달체계'가 더 높은 빈도로 사용되고 있는데,
  의미상 의료이용체계가 더 바람직한 번역어다.

이 오해로 인해 종합병원 진료가 몇 달씩 밀리는 현상은 바람직하지 않습니다. 중증 질환자 혹은 희귀 질환자처럼 종합병원에서만 진료받아야 하는 사람들도 있는데, 이 자리를 굳이 그러지 않아도 되는 사람들이 차지하고 있기 때문이죠. 마치 휠체어를 사용하는 장애인들은 계단이나 에스컬레이터를 이용할 수 없어 엘리베이터를 탈 수밖에 없는데, 비장애인들이 계단 대신 엘리베이터를 일상적으로 이용하다 보면 장애인들이 되레 더 불편을 겪는 것과 구조적으로 같은 문제가 생기는 겁니다.

이런 사례는 개인의 권리 행사가 체계의 실패를 불러오는 무수히 많은 예 중 하나입니다. 1부에서 병원 내적인 문제를 살펴봤다면, 이어지는 2부에서는 개인의 합리적 권리 행사의 총합이 체계의 실패를 만들어 내는 과정의 연속인 한국 의료 제도에 대해 본격적으로 살펴보겠습니다.

2부

개인의 권리, 체계의 실패

개인의 권리가 중요하다는 말 자체에 거부감을 표시하는 사람은 드물 것 같습니다. 개인보다 국가 혹은 민족이 우선이라는 가치관이 지배적이었던 20세기 한국에 대한 반감일 수도 있고, 선진국으로 나아가며 자연스레 체화된 가치일 수도 있지만, 결과적으로 현재 한국은 개인의 권리를 가장 우선시하는 방향으로 나아가고 있는 것 같습니다.

그런데 의료 분야에서는 참여하는 개인들이 매우 합리적으로 본인의 권리를 추구했음에도 불구하고 결과적으로 전체 체계가 실패하는 일이 잦습니다. 자발적 선택의 결과라고 말끔히 정리하기도 힘든 데다, 소비자와 공급자 모두가 비슷한 문제를 겪죠. 대체 어떤 문제가 있는 걸까요?

4장

'빨리빨리'에 사라진 복약지도

2018년에 국내 직장인들을 대상으로 진행된 한 설문조사에서, 미래에 사라질 직업 10개 중 8위는 '약사'였습니다. 반면에 간호사는 미래에도 존속될 직업 10개 중 9위를 차지했죠.[1] 물론 미래 예측을 주로 하는 전문가들의 판단은 조금 다르지만, 일반적인 시민들이 인식하기에 '약사'의 업무는 기계화나 AI의 발전을 통해 충분히 대체될 수 있다는 게 개인적으로 참 뼈아프게 다가옵니다. 처방전 따라 약만 기계적으로 내어주고, "하루 세 번, 식후 30분에 드세요"라는 말을 반복하는 게 약사 직능의 전부라 생각하는 분들이 많으니 어찌 보면 당연한지도 모르겠네요. 특히나 해외에 비해 복약지도☆를 거

☆ 의약품의 명칭, 용법과 용량, 효능, 효과, 저장 방법, 부작용, 상호작용 등의 정보를 제공하는 것.

의 안 한다는 비판이 많은 편인데, 국내 약국이 해외 약국과는 상황이 좀 다르다는 점을 알아야만 합니다. 1부에서 살펴본 종합병원과 마찬가지로, 약국도 지금과 같이 바뀔 수밖에 없었던 이유가 있기 때문이죠.

한국에서만 당연한 '삼시 세끼' 약 포장

병원에서 처방전을 받아 약국에 가면 '아침', '점심', '저녁'으로 분할되어 포장된 약을 받아 오게 됩니다. 이런 방식의 포장을 파우치(pouch) 약 포장이라고 부르는데, 우리한테는 워낙 익숙한 방식이죠. 만약 3종류의 약 A, B, C를 3일간 먹는다면, 한국에서는 아침, 점심, 저녁으로 구성된 하루치 약을 총 3줄 받아 오는 식이 가장 보편적일 겁니다. 만약 B약은 점심에 먹지 않는다면, 아침과 저녁 포장에는 A, B, C가 들어 있고 점심 포장에는 A, C가 있는 식이겠죠.

그런데 해외에서는 이런 방식으로 약을 주지 않습니다. 해외 드라마나 영화를 자주 보시는 분들이라면 등장인물이 길쭉한 '노란 약통'에 담긴 약을 꺼내 먹는 장면을 보신 적이 있을 텐데요. 만약 앞의 예와 똑같은 약을 처방받았다면, 미국에서는 A약 9알이 담긴 통 1개, B약 6알이 담긴 통 1개, C약

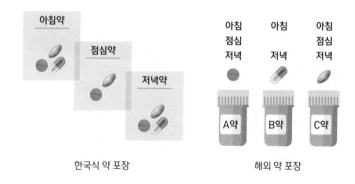

한국식 약 포장과 해외 약 포장 비교

9알이 담긴 통 1개를 분리해서 받습니다. 그것을 환자가 시간에 맞춰 정해진 용법에 따라 복용해야 하는 거죠.

두 방식을 비교해 볼까요? 약사의 관점에서 보면, 한국식 약 포장은 조제 시간이 너무 많이 걸려 별로 선호할 이유가 없는 방식입니다. 2000년대 초반까지만 하더라도 약사의 하루 업무 시간의 74.4%는 오롯이 조제하는 데 할당되었을 정도니까요.[2] 약사 입장에서는 복용 단위별로 끊어서 수십 포의 약을 만드는 것보단 단순히 약의 개수를 세어서 통에 담아 주는 게 훨씬 편한 일입니다. 물론 가장 좋은 건 약을 포장된 그 상태 그대로 주는 것이고요.

이게 단순히 약사의 편의 차원만의 문제는 아닌 게, 해외 선진국에서 그런 방식을 택하고 있는 건 파우치 포장보다 약의 장기 보관 조건이 훨씬 좋기 때문입니다. 그게 '정석'인 것이고, 한국에 관행적으로 자리를 잡은 약포지 방식이 '변칙'에 가까운 거죠. 대체 한국에서는 왜 약의 보존 조건이 떨어지고, 추가적인 노동시간도 많이 드는 이상한 방식을 여태껏 고수하고 있는 것일까요?

첫 번째 이유는 3장에서 다룬 것처럼, 한국 사람들은 아직 '상담'에 대해서는 큰 효용을 느끼지 못해 그에 대한 비용 지불 의사가 거의 없다는 점입니다. 그러니 약물 상담 서비스 공급자인 약사 입장에서도 굳이 상담에 시간을 써야 힐 필요성을 많이 못 느끼죠. 그런데 해외 선진국의 '개별 포장' 방식을 택하면 복약지도 시간을 많이 할애할 수밖에 없습니다. 약포지 형태로 조제가 이루어진다면 '아침이라고 적힌 약은 아침에 드세요'로도 설명이 끝나지만, 개별 약을 따로 분리해 포장하면 '이 약의 이름은 A이고, 어떤 약효를 내는 약이며, 아침에 드셔야 합니다'를 B와 C에 대해서도 반복해 환자에게 확실히 숙지시켜야 하니까요. 환자가 크게 효용을 느끼지도 못하는 복약지도에 이렇게 시간을 많이 쏟으니, 차라리 이 시간을 조제 시간으로 돌려 '설명'을 최대한 줄이고 복약 편의성을 높이는 방향으로 진화하게 된 거죠.

누 번째 이유는 좀 더 한국적인 현상인데, 환자들이 '빨리빨리'를 강하게 요구한다는 겁니다. 약국에서 일하면 가장 많이 듣는 얘기가 '약 언제 나오느냐'라는 독촉인데요. 성질 급한 환자분들은 약이 늦게 나오면 처방전을 다시 돌려달라고 요구하고 다른 약국으로 가기도 하죠. 이건 첫 번째 이유와도 연결이 되는데요. 환자들이 상담의 필요성을 느끼지 않기에 '빨리' 약을 받기만을 원하고 약사도 상담이 최대한 덜 필요한 형태로 약을 조제해 주다 보니, 이 과정 자체가 다시 상담의 필요성을 낮춰 버린 겁니다.

만약 한국의 어떤 약국에서 해외 선진국에서 하는 것처럼 개별 약을 통에 나눠 담아 주고 설명을 길게 해 댄다면, 약을 받는 환자는 물론이고 기다리는 사람도 역정을 낼 가능성이 큽니다. 다른 약국이 없는 것도 아니니 '먹기 좋게 포장해서 빨리 내주는' 약국으로 환자들이 이동하게 되는 거죠. 이런 방식을 선호하지 않는 약사라도 다른 약국들이 다들 그렇게 하니, 상담 시간을 최소화하는 형태의 포장을 사용할 수밖에 없는 겁니다. 그런데 이건 결코 바람직한 상황이 아닙니다.

자기가 매일 먹는 약이 뭔지 모르는 환자

약대가 6년제 형태로 전환되면서 숱한 비판도 있었지만 가장 크게 나아진 점이 약대 커리큘럼에 실습 과정이 추가되고 복약지도 방법 등을 전문적으로 교육하기 시작했다는 겁니다. 단순한 의학 지식이나 약학 지식만이 아니라, 환자와 커뮤니케이션하는 역할이 점점 강조되고 있는 거죠.

　이건 약대에서만 나타나는 흐름도 아닙니다. 의대 역시도 의사 면허 취득을 위한 국가시험에 실습 과목이 포함된 지 오래되었습니다. 단순히 필기시험만 잘 보면 되는 게 아니라 환자를 대면해 적절히 대화하고, 필요한 정보를 적확하고 이해하기 쉽게 전달하는 능력을 갖췄는지를 전문적인 모의 환자까지 동원해 검증하는 식입니다. 예전처럼 권위를 갖춘 보긴의료 선분직이 일방적으로 자신의 지식에 따라 치료 결정을 내리는 게 아니라, 환자에게 치료 방식을 설명하고 이것이 어떤 효과를 내는지도 충실히 설명하는 식의 변화가 의료계 전반에서 일어나는 중입니다. 의료 커뮤니케이션이 교과과정에서 무척 강조되고 있다는 거죠.

　문제는 정작 약국 현장에서는 배운 것이 제대로 쓰이지 못하고 있다는 겁니다. 앞서 얘기했듯 환자들의 '상담'에 대한 냉담성도 한 가지 요인이지만, 약사로서도 시간 내에 처리해야 하는 환자 수가 너무 많기 때문입니다. '여는 글'에서 잠시 언급한 대로 한국 의사는 평균적으로 하루에 58.3명의 환자를 진료하고 있습니다. 그런데 의약분업 이후 대부분의 약국은 동네 의원 옆에 자리 잡고 있으며, 의원 2개 이상이 밀집된 곳도 많죠. 의료 기관을 찾는 환자 중 많은 수가 약을 처방받는다는 걸 고려하면, 약사 역시도 1일 58명 혹은 그 이상의 환자를 보는 셈입니다.

일반 약국도 이런데 하루에 수백에서 수천 명의 환자가 다녀가는 종합병원 앞에 자리를 잡은 대형 약국은 어떨까요? 1부에서 살펴본 의료 현실과 마찬가지로 대형 약국도 최소한의 인력을 고용하여 많은 양의 업무를 수행하고 있으며, 일부 약국의 경우는 PA 간호사와 유사하게 '테크니션'이라고 불리는 조제 보조원이 암암리에 고용되어 일하고 있습니다. 최근에는 자동조제기가 등장하며 상황이 좀 나아졌지만, 아직도 약국 내 자동조제기 보급률은 40%를 밑도는 것으로 추정됩니다. 최고급 의료 서비스업 교육을 받은 인력들이 일반 제조업에 가까운 업태를 유지하고 있는 불행한 상황이 반복되고 있는 거죠. 이건 사회적으로 낭비인 것은 물론이고, 환자들에게도 별로 바람직하지 않은 일입니다. 시간에 쫓겨 제대로 된 복약지도가 이루어지지 않고 파우치 형태로 조제된 약만 받다 보니 환자들이 자기가 무슨 약을 먹고 있는지도 잘 모르거든요.

종합병원 약제부의 일상적 업무 중 하나는 의약품 식별 업무입니다. 환자가 평소 복용하던 약을 가져오면 그 약이 무엇인지 파악해서 주치의에게 정보를 제공하는 일이죠. 그런데 이런 업무는 환자 자신이 평소에 어떤 약을 먹고 있는지를 알면 해결되는 불필요한 추가 업무에 가깝습니다. 환자들은 매일 약을 먹고 있음에도 그저 파우치 형태로 포장된 약만 보다 보니, '노란색 길쭉한 혈압약', 'M자가 적힌 동그란 하얀색 당뇨병약'이 정작 무슨 약인지는 잘 모릅니다. 차라리 종합병원은 사정이 좀 낫지, 동네 의원에서는 식별을 의뢰할 약사도 없으니 이를 의사가 직접 검색해서 확인하는 게 의사의 일상적 업무가 된 지 오래죠.

물론 노란색 길쭉한 혈압약이 발사르탄(valsartan) 성분의 디오반®이라는 약이고, M자가 적힌 동그란 하얀색 당뇨병약이 메트포르민(metformin) 성분의 글루코파지®라는 약임을 모두가 알아야만 하는 건 아닙니다. 그런데 진단 이후에 거의 같은 약을 계속 먹고 있다면, 최소한 약의 명칭과 그 약에 의해 발생할 수 있는 부작용과 대처 방법은 알고 있어야 합니다. 평소 가던 곳과 다른 동네 의원에 방문하거나 수술 등으로 인해 입원하는 경우뿐 아니라, 특정한 약과 의도치 않은 상호작용(interaction)☆이 발생한다거나 특정 약물과 함께 복용해서는 안 되는 경우가 종종 발생하기 때문이죠.

가령 진단 목적으로 CT 시에 투여하는 조영제가 대표적인데, 조영제는 당뇨병 환자들이 매우 흔히 복용하는 메트포르민과 상호작용하면 심각한 알러지 반응이 생길 수 있습니다. CT 촬영일로부터 넉넉잡아 이틀 전부터 메트포르민을 복용하

☆ 흔히 부작용이라 부르는 약물이상반응에는
단순히 그 약을 먹어서 발생하는 것 외에도,
서로 다른 약을 섞어서 복용할 때 약물 간에
발생하는 상호작용 때문에 생기는 것도
포함된다.

지 않으면 충분히 피할 수 있는 약물 이상 반응이지만, 일반적으로 복약지도 시에 안내되지 않으니 모르는 환자가 많죠.

약업계에서도 이런 문제점을 인식해 요즘엔 대부분 약봉투 겉면에 약의 명칭과 성분, 생김새, 효과와 부작용 같은 것을 간략하게 인쇄하여 제공하는 방식을 택하고 있습니다. 이런 변화에 대한 환자들의 반응도 좋은 편이지만, 실제로 대면 형식으로 중요 정보가 전달되지 않는다는 점에서 전보다 그리 나아진 것도 없긴 합니다. 약 봉투를 보관한다면 문제가 생겼을 때 찾아볼 수는 있지만, 약학을 전공하지 않은 환자들이 깨알 같은 글씨로 적힌 어려운 말들을 바로 이해하기엔 어려움이 따르거든요.

9장에서 다시 다룰 것이지만, 최근 코로나19 재택 치료의 일환으로 시행됐던 약 배달에 대해 시민들의 심리적 저항이 그리 높지 않았는데 그 이유 중 하나가 바로 여기에 있습니다. 일반 시민들 입장에선 대면으로 약사를 마주하더라도 제대로 복약지도를 받는다고 느끼지 못하는데, 그렇다면 그냥 약을 배송받아도 그만이지 않은가 생각하는 게 자연스럽죠.

이처럼 현재 복약지도가 제대로 이루어지지 않고 있지만 복약지도는 꼭 필요합니다. 그런데 만약 환자 스스로 복약지도를 포기하고 빨리 약을 받는 편의성을 택하는 것이라고 한다면 어떨까요? 환자 자신이 위험과 편익을 판단하여 내린 자발적인 선택을 과연 잘못됐다고 말할 수 있을까요?

'자발적' 선택과 전문직의 딜레마

보건의료 분야에는 '충분한 이해에 근거한 동의'라는 개념이 있습니다. 딱 떨어지는 번역어가 없는 탓에 영문 명칭인 '인폼드 콘센트'(informed consent)를 그대로 사용하기도 하는데, 의미는 말 그대로입니다. 본인이 어디에 동의히 는 것인지를 충분히 이해한 상태에서 내린 동의가 없으면, 그에 대한 의료 행위를 수행하지 말아야 한다는 겁니다. 가령 병원에 입원해서 수술을 받는 경우, 환자 혹은 보호자는 '수술 동의서'에 서명을 해야 합니다. 아주 복잡하고 위험성이 높은 뇌 수술만이 아니라, 상대적으로 위중하지 않다고 여겨지는 맹장염 수술 같은 것도 모두 수술 동의서에 대한 서명을 요구하죠.

그런데 이런 동의서는 일반적으로 무척 포괄적인 내용을 담고 있습니다. 일반적인 수술 동의서에 포함된 내용을 옮겨 와 보면 다음과 같습니다.

나는 수술의 목적 및 필요성, 검사 과정 및 방법, 주의 사항, 부작용, 시행 가능한 다른 방법, 예정된 수술이 시행되지 않

앉을 때의 결과, 수술 방법의 변경 또는 범위의 추가 가능성에 대한 설명을 의사로부터 들었음을 확인합니다.

간단해 보이는 맹장 수술이라도 수술 후 합병증으로 패혈증 등이 발생해 사망할 위험성이 존재합니다. 이런 내용을 제대로 듣지 못하고 수술 동의서에 서명하는 것이 진정으로 '자발적 선택'이 맞느냐는 의문에서 출발한 게 바로 '충분한 이해에 근거한 동의' 개념이죠. 그런데 이건 병원만이 아니라 약국에서도 마찬가지입니다.

환자들이 바쁘고 귀찮다는 이유로 '약이나 빨리 달라'고 하는 건, 약사가 어떤 내용의 복약지도를 할 수 있는지에 대한 지식이 없는 상태에서 내려진 결정입니다. 선후 관계를 짚어보자면 그런 복약지도를 제대로 수행하지 않고 있는 약사들의 잘못이 더 크다고 할 수 있는데, 그 탓에 복약지도의 중요성을 인식하지 못하고 복약지도를 거부하는 걸 '환자의 자발적 선택'이라고 어물쩍 넘길 수는 없다는 겁니다.

가령 감기약을 먹었다가 급격히 졸음이 쏟아지는 부작용이 나타날 수 있다는 건 경험으로 많이들 알고 계시는 편입니다. 그런 사실을 모르고 있다가 뒤늦게 알게 되더라도 아주 큰 문제가 생기는 경우는 드물죠. 그런데 감기약 복용 후 술을 마셨다가 급성 간독성으로 응급실에 실려 갈 수도 있다는 건 본인 경험으로 배우기엔 너무 고통스러운 일입니다. '약 드시면서 술 드시면 안 된다'는 얘기를 듣긴 하지만 통상적인 건강 염려라고만 이해하니 허투루 넘기는 일이 잦죠.

실제로 복약지도의 주된 목적 중 하나는 약마다 아주 흔하게 일어나는 부작용과, 드물지만 아주 위험한 부작용을 환자에게 알려 주고 만약 그런 일이 발생했을 때 어떻게 행동해야 하는지를 성실히 교육하는 겁니다. 특정한 약을 먹다가 그만 먹어도 되는지, 혹시나 특정한 부작용이 발생했는데 이 약은 빼고 먹어도 되는지를 네이버 '지식in'에 물어보는 게 아니라 처방된 약을 소제받을 때 약사에게 들어야만 하는 거죠. 물론 실제 의료 현장에서는 서비스직 종사자와 고객 같은 관계가 형성되는 탓에 고객의 '빨리빨리' 요구를 뚫고 약사가 이를 관철하기가 쉽진 않습니다. 전문가와 서비스업 종사자라는 두 개의 사회적 지위가 충돌하는 딜레마 상황이 발생하는 겁니다.

별것 아닌 것처럼 보이는 복약지도조차 이렇습니다. 분명 외연만 봤을 때는 개인의 자발적 권리 행사가 이루어졌지만, 실제로는 그 선택이 그리 자발적이지도 않거니와 되레 개인과 사회 전체에 유해한 결과를 낳는 문제가 발생하죠.

그런데 이와 같은 현상에서 복약지도보다 훨씬 더 중대한 사건은 따로 있습니다. 바로 지방 의료 몰락 문제입니다.

5장

환자의 병원 선택권과 지방 의료의 몰락

지방 의료 문제를 얘기하기 위해서는 먼저 논의되어야 할 문제가 있습니다. 바로 환자의 병원 선택권입니다. 현재 한국에서 살아가는 우리에겐 환자가 원하는 병원을 찾아가는 게 너무 자연스러운 방식의 의료 소비라 이를 굳이 '권리'라고 표현하는 것도 어색하게 느껴질 수 있습니다. 그런데 다른 나라의 의료 이용 방식과 비교하면, 우리가 누리고 있는 자유로운 병원 선택권은 한국만의 두드러진 특성이자 환자의 권리가 맞습니다.

가입된 의료보험 종류에 따라 이용할 수 있는 병원이 달라지는 미국은 예외적이라고 하더라도, 의료보험제도가 잘

갖춰진 유럽 지역에서도 한국과 같이 내가 원하는 병원을 자유롭게 골라 다니는 건 거의 불가능하거든요. 일반 시민 입장에서야 내가 병원 선택권을 가지는 게 좋은 일이니, 지금과 같은 한국의 의료 이용 방식이 더 좋은 것 아니냐는 생각이 드는 게 당연합니다. 그렇지만 개개인의 합리적 선택이 모여 의도치 않게 한국 의료 환경에 나쁜 영향을 미치고 있다는 게 문제입니다.

'의료'는 어쩌다 '쇼핑'이 되었나

국내에서는 환자의 병원 선택권과 관련한 문제 제기가 주로 '의료 쇼핑'에 대해 이루어지곤 합니다.[1] 이 표현이 익숙지 않은 분들을 위해 간략히 소개하자면, 의료 쇼핑이란 환자 한 명이 여러 병원을 전전하며 본인이 원하는 만큼 마치 '쇼핑'을 하듯 의료 서비스를 제공받는 의료 이용 행태를 말합니다. 내 돈 내고 의료 서비스를 제공받는 게 무슨 문제냐고요?

국내에서 이루어지는 대부분의 의료 서비스는 건강보험의 적용을 받습니다. 그러니 환자 본인이 내는 돈은 물론이고 건강보험료도 동시에 지출되니, 불필요하게 건강보험 재정지출이 늘어나는 게 문제라는 겁니다. 아예 본인 부담이 거의 없는 의료급여☆ 환자들의 과다한 의료 이용을 꼬집는 경우도 있죠.[2] 여기에 더해, 이런 식의 의료 이용 행태는 불필요한 과잉 의료를 부르므로 실제로 환자의 건강에도 썩 좋지 않다는 논리가 덧붙기도 합니다.

과다한 의료비 지출은 실제로 문제이긴 하지만 의료 쇼핑을 다닌다고 환자 건강에 나쁜 일이 일어난다고 보기는 어렵습니다. 그 문제는 이미 기술적으로 어느 정도 해결이 되었거든요. 과다한 약 중복 처방이나, 처방된 약물 간의 불필요한 상호작용으로 환자가 부작용을 겪지 않도록 처방 단계에서 의약품을 관리해 주는 의약품안심서비스(Drug Utilization Review, DUR)라는 게 갖춰진 지 이미 10년이 넘었습니다.[3] 그러니 이런 문제를 해결하기 위해서는 '의료 쇼핑' 자체를 비판할 것이 아니라, 환자가 왜 그러한 이상한 행태를 보이는 것인지를 심층적으로 짚어 보는 게 더 중요합니다.

환자가 지나치게 많은 의료 기관을 방문하는 건 보통 두 가지 이유 때문입니다. 첫 번째는 환자가 실제로 다양한 질환을 앓고 있다기보다는 심적 고통을 겪고 있는 경우인데요. 꼭 건강염려증 같은 특이한 정신질환이 아니라도 서로 다른 이상한 문제들을 이유로 의원을 전전하는 환자들이 생각보다 정말 많이 존재합니다. 그런데 마땅한 이유 없이 몸 곳곳이 아픈 건 어쩌면 우울증에 의해 발생하는 신체 증상의 일종일 수

☆ 기초생활수급자가 의료 영역에서 받는 혜택.
  건강보험 가입자는 병원 방문 시 30% 정도의
  본인 부담금을 내야 하지만, 의료급여 환자들은
  총 진료비에 관계없이 1,000원만 부담하면
  된다.

도 있습니다. 그렇지만 이런 가능성 자체를 인지하지 못하고 있으니, 위도 아프고 허리도 아프고 몸 곳곳이 다 아파 여러 병원을 전전하게 되는 식이죠. 그러다 뒤늦게 정신과 전문의의 진료를 받고 우울증 관련 처방을 받으며 관련 증상들이 모두 사라지는 경우가 왕왕 발생합니다.

이와는 조금 다르게 노인들이 '외로움' 탓에 각종 동네 의원이나 약국을 전전하는 사례들도 있습니다. 약국이나 병원 현장에서 일하는 보건의료인들의 경험담을 들어 보면, 별다른 증상이 없는 노인분들이 찾아와서 의료인을 말동무로 삼고자 하는 경우가 생각보다 훨씬 흔합니다. 이 역시 안타까운 노인 복지의 사각지대 문제이긴 하나, 책의 범위를 벗어나기 때문에 여기서 구체적으로 다루지는 않겠습니다. 두 경우 어느 쪽이건 실제로 질병 치료의 필요성이 뚜렷한 경우는 아니라는 거죠.

두 번째는 환자가 다양한 질환을 실제로 앓고 있어서 여러 병원을 전전하는 경우입니다. 나이가 들면서 몸 곳곳의 다

'의료'가 '쇼핑'이 된 시대

양한 곳이 아프기 시작하고, 고혈압이나 당뇨병 같은 만성질환도 여럿 달고 있는 사람이 점차 늘어나죠. 그러니 A 질환은 내과, B 질환은 이비인후과, C 질환은 정형외과를 찾아가는 식으로 여러 병원을 찾아다니는데, 이것도 엄밀히 말하자면 '의료 쇼핑'에 가깝습니다.

2장에서 살펴봤듯, 전문의는 추가적으로 특정 분야에 대한 수련을 쌓은 사람이지 그 분야에 대해서만 진료가 가능한 인력이 아닙니다. 그래서 A 질환을 보기 위해 내과를 가면, 아주 이례적인 경우가 아닌 이상에야 B와 C 질환도 내과에서 진료받을 수가 있습니다. 그렇지만 각 과 전문의 진료를 즉시 받을 수 있는 특수한 의료 환경을 갖춘 한국에서는 개별 질환에 맞는 전문의를 굳이 따로 찾아가죠. 이로 인해 진료비 등이 중복으로 나가는 상황이 발생하는데, 유럽 등의 국가에서는 이 문제를 해결하기 위해 주치의 제도를 도입해 활발히 운영 중입니다.

주치의 제도는 어떤 질환이 생기건 환자 본인의 전담 주치의를 찾아가서 진료를 보고, 주치의가 판단하기에 해당 분야 전문의의 진료를 받아야 할 것 같은 경우에만 별도로 의뢰해 치료받게 하는 의료이용체계입니다. 이러면 환자의 질병 이력이 주치의 한 명에게 집중되어 관리되고 진료비 중복 지출도 억제되는 장점이 있지만, 의약분업 수준으로 현재 의료 체계를 뜯어고쳐야 하는 탓에 쉽게 노입되진 못하고 있죠. 이 러한 상황에서 진료비 중복 지출은 환자가 뭔가를 악용한다 기보다는 제도 미비에 의해 발생하는 문제일 가능성이 훨씬 더 큰 겁니다.

이처럼 환자의 심리 상태 때문이건, 아니면 환자가 겪는 다양한 질환 때문이건 간에 '의료 쇼핑'을 단지 환자의 병원 선 택권이 야기한 문제라고 보긴 힘듭니다. 실제로 의료 재정 낭 비가 발생하고 있긴 하지만 이게 환자가 어떤 병원에 갈지 선 택을 내릴 수 있다는 점에서 직접적으로 도출되는 결과는 아 닌 거죠.

정작 환자의 병원 선택권이 의료 제도에 직접적으로 미 치는 악영향은 따로 있습니다. 바로 지방 의료 문제입니다.

진료받을 수 있는 병원이 정해져 있던 시절

KTX를 타고 서울역에서 내리면 길 건너에 높게 서 있는 붉은색 고층 빌딩이 바로 눈에 들어옵니다. 과거 대우그룹 사 옥으로 쓰이다, 지금은 여러 기업이 입주한 사무용 빌딩이 된 서울스퀘어가 그 주인공입니다. 그런데 이 건물에는 조금 특 별한 시설이 입주해 있습니다. 바로 시험관아기시술(IVF) 분야에서 유수의 대학병원을 제치고 국내 1위를 꾸준히 유지하고 있는 차병원 그룹 난임 클리닉입니다. 세계적으로도 손꼽히는 기술력을 갖춘 이곳이 하필 KTX 종착역인 서울역 맞은편에 자리 잡고 있다는 것은 매우 중요한 의미가 있습니다. 차병원 그룹에서 이 위치에 대규모 난임 클리닉을 세운 이유는 서울만이 아닌 지방에서 올라오는 난임 부부의 수요를 흡수하기 위해서거든요.

단지 난임 분야에서만 도드라지는 특수한 사례라고 생각하실지도 모르지만, 그렇지 않기 때문에 차병원의 사례가 더 상징적이라 할 수 있습니다. 이렇게 서울역에 지방 환자를 대상으로 별도 의료 시설을 구축하는 수준으로까지 적극적이지는 않더라도 현재 서울 소재 대형 종합병원들은 본질적으로 동일한 사업 모델을 운영 중이거든요. 그런데 한국 의료가 이런 방식으로 돌아가게 된 건 그렇게까지 오래된 일이 아닙니다.

1989년 한국의 의료 체계가 정비되며 처음으로 '진료권' 제도라는 게 도입되었습니다. 전국을 8개의 대진료권으로 나누고 이를 다시 140개의 중진료권으로 나눈 다음, 환자들이 본인 지역이 속한 진료권에서만 진료를 받도록 규정한 겁니다. 예를 들어 제가 강원도 동해시에 거주하는 환자라면 제가 속한 중진료권인 '삼척시·삼척군·동해시' 내에서만 병원급 의료 기관을 이용하고, 종합병원급 이상 의료 기관의 경우에는 제가 속한 대진료권인 '강원진료권' 내 의료 기관만 이용할 수 있었던 거죠. 또한 병원에서 진료를 보기 위해서는 의원에서 '진료 의뢰서'를 받도록 하고, 병원에서 종합병원으로 옮길 때도 재차 받게끔 했습니다.[4]

그렇지만 이 제도는 거주 지역에 따라 진료받을 수 있는 의료 기관을 제한하는 것이 부당하다는 시민들의 반발에 부딪혀 1998년에 폐지되었습니다. 지금에 와서 이런 제도가 존재했다는 얘기를 들으면 독재 정권에서나 일어날 황당한 국민 통제라는 생각이 들 정도로 거부감이 드는 게 당연하지만, 별다른 대안 없이 진료권 제도만 폐지한 결과는 그리 바람직하지 못했습니다. 모든 의료 서비스가 서울로 쏠리기 시작했거든요.

서울 병원에 가득한 타 지역 환자들

2019년, 서울에서 진료받은 환자의 40%는 서울이 아닌 다른 지역 출신 환자였습니다.[5] 서울과 경계를 맞대고 붙어 있는 경기도만 보더라도 전체 진료 환자의 21%만이 다른 지역 출신이었으니 서울만 유독 타지 출신 환자가 많은 겁니다. 여기까지만 보면, 서울이 경기도를 비롯한 주변 권역에서 의료 중심지 역할을 하니 그럴 수밖에 없다는 반론이 나올 수도 있을 것 같습니다. 과연 그럴까요?

같은 해 서울을 제외한 6대 광역시 병원들의 평균을 내보면 20.2%가 다른 지역 출신 환자인 것으로 나타났습니다. 이들 여섯 개 광역시도 주변 중소도시 거주민들의 의료 중심지 역할을 하고 있는데 말이죠. 전남 지역에서 광주광역시로 진료받으러 오는 환자, 충남 지역에서 대전광역시로 진료받으러 오는 환자 등을 모두 고려해도 타지 출신 환자는 20% 정도라는 겁니다.

그래도 여전히 미심쩍다는 분이 계실지 모르겠습니다. 서울은 국내에서 가장 일자리가 많은 지역이니, 다른 지역을 주소지로 하는 사람도 업무상 많이 방문하지 않느냐고요. 자연스럽게 직장 인근에서 감기약을 처방받는다든가 극심한 피로 때문에 점심시간을 이용해 수액을 맞는다든가 하는 수요가 많을 수밖에 없지 않느냐는 겁니다. 개연성이 없다고 할 순 없지만 중증 질환 중 하나인 암에서도 유사한 경향이 나타나는 걸 보면 서울의 의료 집중은 부정할 수 없는 사실에 가깝습니다. 자료를 살펴볼까요?

2019년, 서울에서는 2만여 명의 환자가 새로이 5개의 주요 암[6] 진단을 받았습니다. 전국으로 범위를 넓히면 한 해 발

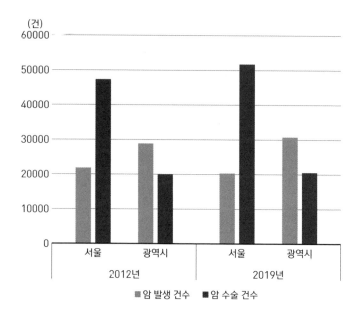

(건)

서울과 6대 광역시 주요 암 발생 건수 및 수술 건수 변화
(자료: 국립암센터·국민건강보험공단)

생하는 주요 암 환자가 13만 명 정도 되니, 서울이 전체 주요 암 환자의 15% 정도를 차지하는 셈입니다. 그런데 그해 서울에서 주요 암 수술을 받은 환자는 무려 5만 1,795명입니다. 모든 암이 수술적 치료를 받는 것도 아니고 수술을 받더라도 진단받은 해에 바로 수술하지 않을 수 있으니 아주 정확한 통계는 아니지만, 서울에서 진단받은 암 환자 수의 대략 2배를 님는 인원이 서울에서 암 수술을 받은 겁니다. 같은 해 주요 암 수술을 받은 환자 수가 10만 명 정도인 걸 고려하면, 전체 주

요 암 수술의 50% 정도를 서울이 독점하고 있다는 거죠. 전체 환자 수의 15% 남짓을 차지하는 서울 거주 주요 암 환자 숫자에 비하면 지나치게 많은 겁니다. 문제는 이런 현상이 과거와 비교해 점점 더 심해지고 있다는 점입니다.

현재 KTX로 대표되는 전국 고속철도망은 2012년에 호남선이 개통되며 완성되었습니다. 그해 서울에서 진단받은 주요 암 환자 수는 2만 1,803명, 수술받은 주요 암 환자 수는 4만 7,363명입니다. 수술 환자 수가 진단 환자 수의 약 217%인 거죠. 그런데 2019년에는 이 수치가 256%로 높아진 게 확인됩니다. 같은 방식으로 6대 광역시의 진단 환자 대비 수술 환자 비율을 구해 보면, 2012년 69.3%에서 2019년 66.7%로 감소했습니다. 7년의 기간 동안 암 수술의 서울 집중 현상이 더 심해졌다는 사실이, 서울과 6대 광역시 양측 자료에서 모두 관찰되는 겁니다.

이런 서울 집중 현상을 더 부추기는 게 '빅5'라 불리는 서울 소재 대형 상급종합병원들입니다. 현재는 집계 방식이 변경되어 더는 관련 통계가 나오고 있지 않지만, 이미 2012년에 빅5 병원에서 서울 외 지역 환자가 차지하는 비중은 60%를 넘었습니다.[7] 삼성서울병원이 72%로 가장 높았고, 서울아산병원 68.3%, 가톨릭대학교 서울성모병원 55.4%, 서울대학교병원 53.1%, 연세대학교 세브란스병원 51.1% 순으로 빅5 병원 모두 지방 환자가 먹여 살리고 있는 상태였습니다. 그런데 이후 10년 동안 빅5 병원은 규모를 더욱 키웠고 서울대학교병원의 경우는 '대한외래'라는 외래환자 전용 의료 기관까지 개설하는 상황에 이르렀습니다. 겉으로는 역사 프로젝트라고 이야기하지만 실제로는 중증 입원 환자 치료에 힘을 쏟아야 할 종합병원에서 진료만 받고 집으로 돌아가는 외래환자 진료까지 사업 영역을 적극적으로 확장하겠다는 시도에 가깝습니다. 서울역 앞의 차병원 난임 센터는 이런 흐름을 가장 노골적으로 드러내는 사례일 뿐, 의료 기관의 대형화와 환자의 서울 쏠림 현상은 계속 심화되는 상태인 겁니다.

대학병원의 주요 기능, '수련'

3장에서 의료이용체계를 설명하며 동네 의원을 방문해도 충분한 환자가 굳이 종합병원을 방문하는 것이 부적절하다는 건 말씀드렸습니다. 동시에 더 좋은 의료 서비스를 받고 싶다는 욕구 자체가 잘못된 건 아니라는 점도 설명했고요. 그런데 동네 의원급에서가 아니라 같은 종합병원급에서, 그저 장소만 지방에서 서울로 옮기는 건 대체 어떤 문제가 있을까요?

만약 차병원 난임 클리닉의 예처럼 간절히 아이를 바라

는 부부가 세계적 기술력을 갖춘 의료 기관을 찾기 위해 시간과 돈을 들여 서울까지 방문하고자 한다면 이런 행위를 비난할 근거는 전혀 없습니다. 개인의 권리를 적극적으로 행사한 매우 바람직한 일이라고까지 할 수 있죠. 그렇지만 이런 행위의 총합이 좋은 결과를 낳진 않습니다. 시험관아기시술 같은 아주 특수하고 좁은 분야의 전문성을 가진 병원이 서울에 존재하는 것이야 전체 의료 체계에 큰 영향을 미치지 않지만, 암과 같은 중증 질환 수술이 모두 서울에서 이루어지는 건 실제로 큰 문제를 만듭니다. 조금이라도 예후가 나빠질 수 있는 위험한 수술이나 상당한 숙련을 필요로 하는 고난도 시술을 모두 서울에서 받기 시작하면, 지방 대학병원에서는 전공의에 대한 제대로 된 수련이 이루어지기가 어렵기 때문입니다.

일상적으로는 흔히 큰 병원을 대학병원, 종합병원 등으로 섞어 부르다 보니 조금 오해의 소지가 있지만, 둘은 엄밀하게는 다른 개념입니다. 국내에서는 의료 기관의 규모와 목적에 따라 그 종류를 세 가지로 나눕니다. 주로 외래 환자를 대상으로 진료를 보는 의원과, 주로 입원 환자를 대상으로 하는 병원, 최소 100개 이상의 병상과 7개 이상의 진료 과목 및 각 과 전문의를 갖춘 종합병원으로 나뉘죠. 흔히 말하는 '대학병원'은 종합병원 중에서도 20개 이상의 진료 과목을 갖춘 상급종합병원으로, 이들 병원에서는 대학교수가 진료를 보며

연구를 하고 의과대학이나 간호대학 혹은 약학대학 같은 보건의료 계열 대학생들이 졸업 전에 실습을 진행합니다. 그러니 이런 곳들은 병원으로서 본연의 목적을 충실히 수행하는 건 물론이고 연구와 교육도 절대 포기할 수 없습니다. 전공의 수련 역시도 대학병원이 수행해야만 하는 중요한 기능인 겁니다.

2장에서 살펴봤듯, 전공의들은 이미 의사 면허를 취득한 의사입니다. 이들이 굳이 전문의 자격 취득을 위해 대학병원에서 수련받는 이유는 대형 종합병원에서 최대한 많은 수의 한지의 다양한 환자 사례를 접함으로써 전문의 자격 취득을 위해 필요한 임상 경험을 자연스레 얻길 원하기 때문입니다. 책상물림으로 배운 지식만이 아니라 현장에서 환자를 진료하고 실제 수술을 집도하고 알맞은 약을 처방하는 경험을 통해 의료 숙련을 쌓으려는 거죠.

그렇지만 서울로의 환자 집중 현상이 계속 심화될수록 지방 소재 대학병원에서 수련받는 전공의들이 경험할 수 있는 환자의 폭은 점점 좁아질 수밖에 없습니다. 똑같은 의과대학을 똑같은 성적으로 졸업한 사람이라도 임상 경험의 수가 차이 난다면 실력도 달라질 수밖에 없고요. 그러니 환자의 서울 집중화 문제는 지방과 서울 간의 의사 실력 차이를 만들어내는 불행한 결과를 낳게 됩니다. 전공의들도 이런 상황을 모르지는 않고 이는 다시 지방에서의 전공의 수련을 꺼리는 형태로 나타나는데, 이 내용은 다음 장에서 더 구체적으로 다루겠습니다.

병원이 '로또 명당'처럼 되지 않으려면

그런데 대체 지방 의사가 수련을 덜 받는 게 일반 시민들과 무슨 상관이 있을까요? 서울 의사가 더 실력이 좋다면 중증 질환이 생겼을 때 나도 서울에서 수술받으면 될 텐데요. 아주 급하지 않은 질환이라면 그럴 수도 있겠지만, 응급 상황이 문제입니다. 이는 대학병원의 재정과 같이 엮어 봐야만 이해할 수 있습니다.

서울로의 환자 집중화가 발생하면, 타격을 받는 또 다른 영역이 있습니다. 바로 지방 대학병원의 재정입니다. 3장에서 살펴봤듯, 종합병원 수익의 상당 부분은 비싼 진단·검사 장비를 이용하는 데서 발생하는 진단·검사료입니다. 그런데 단순한 감기나 배탈 환자가 CT나 MRI 같은 비싼 진단 장비를 사용하지 않는 것처럼, 이런 진단 장비의 주된 수요는 중증 질환에서 나옵니다. 그러니 중증 환자들이 서울로 몰려가면, 지방의 대학병원은 이들 환자에 대한 진료 및 진단·검사 수행 횟수가 줄어들게 되고, 재정적으로도 타격을 받습니다. 그러면 규모의 경제 덕분에 갖출 수 있는 시설과 설비의 증설도 어려워지므로 지방 대학병원은 시설 면에서도 서울에 비해 열악해지게 되는 겁니다.

이런 환경에서 중대한 산업재해나 심각한 교통사고로 신체가 심하게 손상된 환자가 응급실에 실려 왔다고 해 보겠습니다. 서울이 수술을 잘한다니 이런 환자들을 KTX에 태워 서울로 보내거나, 지역 공항에서 김포공항으로 항공 이송을 해야 할까요? 이런 사례는 즉시 중증 외상 수술이 필요하기에 그런 긴 애초에 가능한 선택지가 아닙니다. 결국은 내가 발 딛고 사는 지역에서 이런 수술을 진행할 수 있는 의료 기관이 존재해야만 내가 이런 사고를 당해도 살 수가 있는 겁니다. 적정 환자 수 확보로 시설과 설비 수준을 유지하고 평시에 인력의 숙련도를 확보하지 않으면, 지방 의료 기관에서도 충분히 살릴 수 있었던 환자가 어느 시점부터는 도저히 살릴 수 없는 환자로 분류되어 사망하게 되는 거죠. 산업 단지가 많은 지방의 노동환경을 고려하면, 대형 산재 사고 발생 시 사망자 수가 그에 따른 직접적인 영향을 받게 됩니다.

'로또 명당'에 대해 한번쯤 들어 보셨을 겁니다. 어디서 사야 당첨 확률이 높다고 하지만 실제로는 거기서 로또를 사는 사람이 많을수록 명당이 되기 쉽습니다. 당첨 확률이 똑같이 극도로 낮아도 매주 200명이 복권을 사는 판매점과 매주 80명이 복권을 사는 판매점에서 1등 당첨자가 나올 확률은 당연히 다르기 때문이죠. 마찬가지로 서울 큰 병원에서 어려운 수술을 더 잘한다는 인식이 생기면 환자가 더 몰리면서, 지방 의료 기관은 시설과 인력 면에서 실제로 열악해지게 됩니다. 같은 의과대학을 같은 성적으로 졸업한 의사들도 경험한 환자 수에 따라 실력 차이가 발생하는데, 아예 지방과 서울로 갈려 환자 수가 두드러지게 차이 난다면 말할 것도 없겠죠.

물론 아직까진 지방 의료도 여유가 있습니다. 서울에서 받을 수 있는 수술을 지방에서 받을 수 없는 경우가 드물고, 웬만한 중증 질환은 지방 거점 의료 기관에서도 충분히 좋은 수준으로 수술받을 수 있습니다. 몇 년씩 예약이 밀려 있는 소위 'EBS 명의'를 찾아 굳이 서울까지 갈 필요 없고, 의료계 내에서도 아무도 그런 걸 추천하지 않습니다. 그렇지만 이런 잘못된 인식과 환자 쏠림을 계속 방치하면 '어쩔 수 없이' 나중엔 모두 서울로 가야만 수술을 받을 수 있는 시대가 오게 될지도 모릅니다. 그리고 서울로의 의료 쏠림 현상이 환자들 사이에서만 일어나는 게 아니라 의료 인력에서도 똑같이 나타난다는 점 또한 심각한 문제입니다.

6장

의료 인력의 지방 기피와 지역인재전형

환자가 최선의 의료 성과를 누리기 위해 돈과 시간을 헐어 굳이 서울 대형 병원까지 찾아가는 건 여력만 된다면 분명 '합리적 선택'이긴 할 겁니다. 그런 선택이 모여 지방 의료 기관의 황폐화라는 좋지 못한 결과가 나타나긴 하지만요.

그런데 이런 합리적 선택을 내리는 주체에는 환자만 있는 게 아닙니다. 의사를 비롯한 의료 인력도 선택권이 있는 건 마찬가지거든요. 세계적으로 봤을 때도 어느 국가를 가건 의료 인력은 최고급 서비스 인력 중 하나이고, 고소득 순위에 늘 꼽힐 정도로 소득 수준도 높은 편입니다. 그러니 다른 고소득 임금노동자 혹은 자영업자 들과 비슷하게, 생활 인프라와 인적 네트워크가 밀집된 수도권 지역에 거주하려는 경향이 강합니다. 문제는 이런 '합리적 선택' 역시도 별로 바람직하지 못한 결과를 낳고 있다는 점입니다.

지방은 구인난, 서울에선 임금 하락

좀 의외일지 모르나 서울 내에서 근무하는 의료 인력은 미디어에서 다뤄지는 것만큼 큰돈을 벌고 있지는 않습니다. 기시 등으로 빌표되는 의사의 '평균' 소득만 살펴보면 연 2억 원에 육박하는 막대한 소득을 올리는 것으로 짐작되지만, 실제로는 통계적 착시에 가깝습니다. 중견 기업에 버금가는 수준의 수익을 올리는 중형급 병원도 의료 기관의 회계 구조상 순이익이 원장 개인의 소득으로 책정되어 '평균'을 과도하게 끌어올리고 있거든요. 이런 이유로 2013년엔 자생한방병원 신준식 이사장이 월급으로 17억을 받아, 국내 임금노동자 중 최고액을 받는다는 식의 황당한 보도가 나오기도 했습니다. 실제로는 사업자로서 세전 사업소득을 신고한 것인데, 건강보험료 책정 기준상 둘을 구분하지 않아 생긴 해프닝입니다.

물론 이런 오해를 걷어 내더라도 의사가 웬만한 대기업 직장인보다 높은 소득을 올리고 있긴 하지만 그마저도 서울과 지방 광역시 사이에 큰 차이가 난다는 걸 아는 사람은 그리 많지 않은 것 같습니다. 의사를 포함한 의료 인력 임금은 서울보다 지방이 훨씬 높습니다. 물론 의사의 경우에는 전문의인지 아닌지, 전문의라면 어떤 과를 전공했는지, 그리고 근무 형태는 어떻게 다른지에 따라 매우 달라지므로 구체적인 데이터를 소개하기는 여러모로 곤란한 면이 있습니다. 그렇지만 대략 전공한 과가 같고 근무 형태가 유사하다고 했을 때, 서울에서의 임금보다 지방 광역시에서의 임금이 최소 2~2.5배 정도는 더 높다고 할 수 있습니다. 특히나 여성 인력이 상대적으로 많은 약사의 경우, 같은 수도권 내에서도 강남-분당 지역의 임금과 그 외 지역의 임금이 1.5배 정도는 차이가 납니다. 지방의 상대적으로 낮은 물가 수준과 주택 가격까지 고려하면 실질적인 임금 격차는 그 이상으로 커지는데, 이런 임금 차가 꾸준히 유지되는 이유는 그럼에도 의료 인력들이 지방 근무를 꺼려서입니다.

왜 이런 현상이 발생하고 있는지에 대한 인식 조사는 뚜렷하게 이루어진 바가 없습니다. 그렇지만 제가 의료 인력의 일원인 약사 직역에 속해 있고 주변 지인의 상당수가 의료 계열에서 일하고 있다는 점에서 한 가지 합리적 추측을 제시할 수는 있을 것 같습니다. 의료 인력이 지방을 기피하는 건 그들이 최상위 임금노동자이기 때문입니다.

조귀동 작가가 『세습 중산층 사회』에서 짚었듯, 최상위 임금노동자는 자신의 계층을 재생산하기 위해서 같은 계층의 배우자와 결혼하는 동류혼을 선호하고, 이후 출생한 자녀 교육에 상당히 많은 재화를 투입하며, 이들이 장래에 같은 계층 아이들과 네트워크를 꾸리길 바랍니다. 그런데 지방에서는 이게 실현되기가 어렵습니다. 그나마 광역시급 도시는 사정이 낫지만 지방 소도시에는 의료 인력 수준의 고소득자가 그리 많지 않은 데다, 교육을 비롯한 생활 인프라 전반이 대도시에 비해 열위에 있습니다. 당장의 높은 소득만 보고 지방에 내려가 '바짝 벌고' 놀아오는 것도 가능은 하겠지만, 해당 지역에 뿌리내리고 살기는 망설여지는 점이 많은 겁니다.

특히나 자신의 이름을 건 의원을 개업해 안정적으로 동네 단골을 유치하고 꾸준한 소득을 올리는 방식의 인생 설계를 노린다면 본인이 장기적으로 거주할 지역에 빨리 자리를 잡는 게 더 유리한 측면이 많습니다. 입주도 덜 끝난 수도권 신도시 상가 건물에 덩그러니 들어선 의원이나 약국은 그런 걸 노리고 입지를 선점한 곳들이죠.

결과적으로 지방 의료 기관은 지속적인 구인난을 겪고 있습니다. 특히나 문제가 되는 게 지방 대학병원에서 발생하고 있는 전공의 정원 미달 문제입니다. 지방의 생활 인프라 조건만으로도 불리한 입장에 놓여 있는데 5장에서 설명했던 것처럼 환자의 서울 집중화 현상 때문에 수련에 어려움이 있을 거란 우려가 덧씌워지자, 지방대 의대를 졸업한 학생들도 모교에 남는 게 아니라 서울의 대형 병원 문을 두드리는 거죠. 그나마 인기과의 정원은 어느 정도 채워지지만 비인기과는 정원이 미달되어 지방에 남은 전공의들이 고강도의 근무까지 견뎌야 하는 이중고를 겪습니다. 전공의들의 모임인 대한전공의협의회 강민구 회장은 성명을 통해 "주당 80시간 내외의 장시간 근로 및 주 2~3회에 걸친 36시간 연속 근무를 묵묵히 감당하고 있는 전공의 근로 환경 개선에 대한 사회적 논의"가 필요하다며 "최소한 36시간 연속 근무 제한이라도 지켜야 한다"라는 비판의 목소리를 낸 바 있습니다.[1] 근무 조건의 열악성은 인원이 적은 지방에서 더 커지게 되니, 계속 악순환이 반복되는 겁니다.

개인이 '합리적 선택'을 내린 결과이니 실질적으로 이를 막을 방법은 없습니다. 2장에서 살펴봤듯 전문의 자격 취득을 위해 밟는 수련 과정은 필수라기보다는 선택에 가까워 강제가 불가능하고요. 시장만능주의 관점에서는 '그런 조건마저도 상쇄할 수준의 임금'을 제공하면 된다고 여길지도 모르나 현행 건강보험 체계하에서는 불가능한 일입니다. 1장에서 간호사의 예를 통해 살펴봤듯, 무작정 대학 정원만 늘린다고 해서 해결될 문제가 아니기도 하고요. 그래서 현재 지방의 의료 인력 공백을 주로 채우고 있는 건 1979년에 도입된 공중보건의사 제도입니다.

　현행 병역법상 의사나 치과의사, 한의사 면허를 소지한 남성은 군에서 장교 형태의 군의관으로 복무하거나, 보충역의 일종인 공중보건의(공보의)로서 전국 각지의 보건소나 보건지소에 배치되어 3년간 대체 복무를 할 수 있습니다. 제대로 된 의료 기관이 존재하기 힘든 도서·산간 지역에 거주하는 주민들도 의료 혜택을 볼 수 있도록 국가에서 지원하는 방식인데요. 공보의가 배치되는 보건소나 보건지소에서 1km 반경 내에 다른 의원이 존재하는 지역은 고작 52.8%에 불과할 정도니(2019년 기준)[2] 제도의 필요성 자체는 무척 높다고 할 수 있습니다.

　특히나 전남과 같이 육로로 연결되지 않은 섬이 많은 지

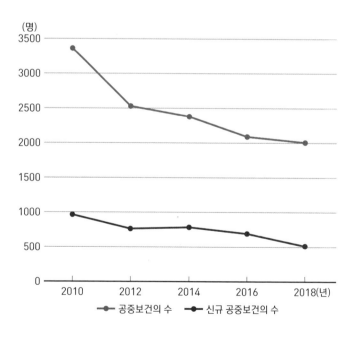

공중보건의사 숫자 변화 (자료: 보건복지부)

역은 해당 섬에 배치된 공보의 외에는 가까운 거리에 의료 인력이 전혀 없어, 응급 상황 발생 시 공보의가 섬 주민들의 생명을 혼자 지키는 막중한 책임을 맡기도 합니다. 그렇지만 짧은 복무 기간이 지나면 새로운 공보의로 교체되다 보니 진료의 연속성이 떨어져 주민들의 만족도가 높진 않습니다. 그런데 그마저 있는 공보의 숫자도 계속 줄어든다는 게 문제입니다.

과거 의과대학에서는 입학 정원 중 남성 비율이 유독 높았습니다. 여성이 의사 직업을 수행하는 것에 대한 성차별적 인식이 원인이라 짐작됩니다. 그렇지만 시대가 바뀌며 이런 인식이 개선되자 성비 불균형은 점차 바뀌기 시작했고, 동시에 병역의무 대상자 중 의사 면허 소지자도 같이 줄어들었습니다. 여성 의사에 대한 차별적 시선이 교정되는 바람직한 현상이 되레 엉뚱한 효과를 낸 겁니다. 국방부에서는 감소한 병역 자원을 군의관에 우선 투입했고, 결과적으로 공보의 인원은 줄어들게 됐습니다. 지방의 의료 소외 문제를 해결하고자 의과대학 성비를 강제로 조정할 수는 없는 노릇이니 다양한 방안이 강구되었는데, 그중 하나가 바로 지역인재전형이었습니다.

지역인재전형, 의료 균형과 역차별 사이

지역 균형 발전에 대한 목소리가 높아지던 2014년, '지방대학 및 지역균형인재 육성에 관한 법률'이 제정되어 공공기관 등의 지역 인재 의무 채용 등의 조항이 신설되었습니다. 이와 동시에 대학 및 대학원 입학에서도 "의과대학, 한의과대학, 치과대학, 약학대학 및 간호대학 등"이나 "법학전문대학원, 의학전문대학원, 치의학전문대학원 및 한의학전문대학원"의 입학자 중 "해당 지역의" 학교 출신자가 학생 모집 전체 인원의 일정 비율 이상이 되도록 노력해야 한다는 일종의 지역할당제가 시행되었습니다.

문제는 여기서 '노력해야 한다'는 규정이 지나치게 모호했다는 점입니다. 대학에서는 수능 등의 객관적인 성적 지표가 우수한 학생을 더 많이 모집하고자 했고, 성적 지표는 상대적으로 떨어져도 해당 지역 출신인 점을 이유로 정원의 상당수를 할당하는 걸 부정적으로 받아들였습니다. 그래서 관련 정책이 시행되었어도 개별 대학들이 이를 적극적으로 채택하진 않았는데, 이것이 문제라는 지적이 이어지자 결국 2021년에 재차 법률 개정을 통해서야 의·약학 계열 학과 및 법학전문대학원에서 지역 인재의 비율을 40% 이상 의무화하는 제도가 자리를 잡게 되었습니다.

지역	총 입학자 수	수도권 고교 출신자 수	수도권 출신 비율
강원권역	180	113	62.8%
대전/충청권역	450	208	46.2%
호남/제주권역	514	178	34.6%
부산/울산/경남권역	329	103	31.3%
대구/경북권역	333	101	30.3%

* 고려대, 연세대, 울산대, 인제대, 한양대는 자료 제출 거부

2020년 의과대학 및 의학전문대학원 입학자 중 수도권 고교 출신 현황
(자료: 국회 교육위원회 서동용 국회의원실)

앞서 살펴봤듯, 지방 의료가 붕괴되고 있는 건 환자의 서울 쏠림 현상에 더해 의료 인력이 지방에서의 근무를 꺼리기 때문입니다. 사실 수도권 소재 의과대학을 졸업한 사람이 아무런 연고가 없는 지방으로 내려와 근무하는 걸 바라긴 어렵습니다. 그런데 해당 지역 의과대학을 졸업한 사람조차 졸업 후에는 해당 지역을 떠난다는 게 문제입니다. 지방 소재 의과대학이라고 해서 해당 지역 출신자들만 입학하는 게 아니거든요. 실제로 지방 의과대학 재학생의 38.9%는 수도권에서 고등학교까지 쭉 생활하다 지방 의과대학에 입학한 사람입니다.[3] 재학 중에야 그 지역에 머물지만 그마저도 학기 중에나 해당하고, 방학 등의 시기에는 본인 출신지로 떠나는 일이 훨씬 더 잦습니다. 졸업 후에도 별다른 연고가 없는 지역에 머무를 이유가 마땅히 없어 당연히 본인이 나고 자란 수도권 지역

으로 복귀하는 경우가 대부분입니다.

그런데 원래부터 그 지역에서 나고 자라 고등학교까지 졸업하고 해당 지역의 의과대학에 입학했다면 어떨까요? 노벨경제학상 수상자인 행동경제학자 리처드 세일러가 공동 저서 『넛지』에서 짚었듯, 사람들은 기왕이면 이미 선택된 상태를 유지하는 것을 선호합니다. 이미 선택된 상태를 다른 것으로 변경하는 걸 추가적인 노력을 들여야만 하는 일로 판단하기 때문이죠. 고향에서 나고 자라 그곳에 소재한 의과대학에 입학한 사람들은 그 지역에 계속 거주하는 게 기본(default) 선택지입니다. 30년 가까운 시간 동안 거주하던 지역에서 떠날지 말지를 졸업 이후에 새로 결정해야만 하니, 졸업하고 다시 원래 생활권으로 돌아간다는 게 기본 선택지인 타지 출신 의과대학 입학생과는 결정이 달라질 개연성이 큰 겁니다.

문제는 그들을 타깃으로 삼은 지역인재전형이 도입 시기부터 역차별 아니냐는 논란이 거셌다는 점입니다. 수능 등의 정량화 가능한 점수 체계로 입시를 치르는 관점에서 보자면, 해당 지역에서 나고 자랐다는 이유만으로 더 성적이 뛰어난 학생들을 제치고 의과대학 등의 의학 계열 학과에 입학하는 게 부적절하다는 겁니다.

여기서 잠깐 생각해 볼 것이 있습니다. 애초에 지방대에 의과대학을 두고 의사를 배출하게 한 이유가 무엇이냐는 겁니다. 지역 대학의 목표는 지역에서 필요한 인재를 공급하는 것이고, 국가는 해당 지역에 근무할 의료 인력을 확보하기 위해 의학 계열 학과 정원을 배분했습니다. 만약 지역 의과대학을 다닌 이들이 졸업 후에는 해당 지역을 떠난다면, 지역에서 필요한 인재를 공급한다는 목적 자체가 달성되지 않는 상황이 초래됩니다. 그러니 졸업 후에도 해당 지역에 남으리라 기대되는 지역 인재 선발 제도를 만드는 건 매우 합목적적인 정책입니다. 성적이 더 좋음에도 지방대 의과대학에 합격하지 못하는 이들의 손해보다는, 지역 인재가 졸업 후 해당 지역에 남아 있음으로써 발생하는 사회적 효용이 훨씬 크기도 하고요.

그렇지만 이런 방식조차도 개인의 애향심과 고향에서 형성된 인적 네트워크에 기댈 뿐, 의과대학 졸업생이 그 지역에 꼭 잔류한다고 보장할 수는 없습니다. 그러니 여기서 한발 더 나아가, 옆구리를 슬쩍 찌르는 '넛지' 정도가 아닌 훨씬 강력한 방식의 의료 인력 통제 방안도 얘기되고 있습니다. 바로 지역의사 제도입니다.

지역의사제는 지방 의료 문제를 해결할 수 있을까

지역의사제는 국내에서 도입 논의가 일부 진행된 게 고

작일 정도로 낯선 제도입니다. 코로나19 대유행이 발생한 2020년, 지방 의료 인력 부족과 감염병 등에 대한 전담 인력 부족을 벌충할 목적으로 지역의사제를 도입하자는 의안이 국회에 상정되며 거의 처음으로 공적 논의의 대상이 되었거든요.[4]

수도권과 비수도권 지역의 의료 격차는 실재하는 현상입니다. 2020년 9월 기준으로 인구 1,000명당 활동의사 수☆는 전국 평균이 2.1명이었으나, 17개 시도 중 12개가 여기에 미달하는 상태였습니다. 반면, 서울은 인구 1,000명당 3.2명의 의사기 활동 중인 걸로 나타났죠.[5] 그러니 이런 지역 간 격차를 해소하기 위해서 10년간 특정 지역 내에서만 진료하는 조건으로 '조건부 의사 면허'를 발급받는 의사를 별도로 선발하자는 게 지역의사 제도의 골자입니다. 10년간의 의무 진료는 보건복지부 장관이 지정하는 공공 의료 기관에서만 진행해야 하며, 만약 이를 지키지 않을 경우엔 의사 면허를 취소하고 10년의 의무 기간이 끝나기 전엔 면허 재발급도 불가능하게 하자는 매우 강력한 제약도 덧붙였죠.

8장에서 더 자세히 다루겠지만 이는 당시 논의되던 공공의대 설립 및 의과대학 정원 증원 문제와 맞물리며 의사들의 엄청난 반발을 불러왔습니다. 결국 해당 법률은 국회 문턱을 넘지 못하고 회기 종료로 폐기됐죠. 그런데 이 제도 자체에 대

☆ 일반적인 의료 인력 통계에서는 의사 수에
  한의사 숫자도 포함하는 경우가 많다. 여기
  인용한 수치는 한의사를 제외한 수이다.

해서는 조금 더 살펴볼 필요가 있습니다. 지역인재전형이 달성하고자 하는 목적에 맞는 정책이었던 것처럼, 지역의사제 역시도 같은 논리로 타당한 정책이긴 하거든요.

실제로 그와 유사한 제도인 일본의 '지역정원 제도'를 살펴보면, 제도 시행 후 지역 간 의료 격차는 어느 정도 감소했습니다.[6] 국내에서 논의되던 것과 같이 '면허 박탈'과 같은 강력한 제한이 없었음에도 10년간의 진료 의무를 이행 중인 대상자 비율이 82.4%에 달할 정도로 의사들도 의무 지역에 나름대로 잘 정착했죠. 다만 이 의사들도 해당 지역 내의 대도시에 소재한 대학병원이나 종합병원에서 근무하는 경우가 95%에 달해, 큰 단위의 지역 균형은 어느 정도 달성된다고 하더라도 실제 의료 취약지에 대한 의료 인력 공급이 개선되진 않은 것으로 나타났습니다.

즉, 앞에서 길게 설명한 의료 인력의 지방 기피 현상이 해결되지 않는 이상, 이런 강력한 제도도 한계는 명확한 겁니다. 그마저도 하지 않았을 때와 비교하면 훨씬 낫긴 하지만요. 다만 10년간의 의무 기간을 지키지 않았을 때의 패널티가 너무 강한 탓에 애초에 지원 자체가 줄어들 수 있다는 우려도 나오고 있고, 어떻게든 태업을 하며 10년만 버티는 경우도 발생할 수 있으니 도입까지도 이런저런 곡절이 많을 것으로 생각됩니다.

지역의사제 외에 다른 정책적 접근도 가능합니다. 기령 9장에서 자세히 다룰 비대면 진료가 차츰 도입되는 것도 상황이 바뀌는 계기가 될 수 있습니다. 응급 수술 등이 필요한 질환에는 해당이 없겠지만 서울과 다른 지역 간 의료 격차를 IT 기술을 통해 어느 정도 좁힐 수도 있으니까요.

국가가 이렇게까지 지방 의료의 해결 방법을 찾으려는 것엔 이유가 있습니다. 아직은 지방 의료가 힘겹게 버티고 있지만, 시간이 갈수록 의료만이 아닌 사회 모든 영역에서 서울 집중화 현상이 심화되고 있기 때문입니다. 2019년 인구주택 총조사에서 처음으로 외국인을 포함한 수도권 총 인구수가 우리나라 전체 인구의 절반을 넘겼습니다. 국토 면적의 12.6% 남짓을 차지하는 지역에 전체 인구의 절반이 몰려 있는 겁니다.

단순히 인구만 몰리는 것으로도 꽤 문제인데, 더 큰 문제는 수도권 순유입 인구의 절대다수가 19~34세 사이의 청년이라는 겁니다. 청년들이 모두 수도권으로 떠난 자리에는 고령 인구가 남습니다. 가뜩이나 고령화로 인한 질병 부담도 증가하는데, 지방에서는 이러한 변화를 어느 정도 완충해 줄 수 있는 청년 인구마저 지속적으로 빠져나가고 있습니다. 이런 상황이 유지된다면 인구는 줄어도 의료 수요는 계속 증가하는 안타까운 현상이 나타날 수밖에 없으니, 정책 결정권자들이 지방 의료 문제에 안간힘을 쏟는 겁니다. 그렇지만 이런 현상이 진짜 무서운 점은, 지방이 먼저 겪을 뿐 지방만의 문제가 아니라는 겁니다.

3부

지금의 의료가
지속 불가능한 이유

앞선 장들에서 살펴봤듯이 여러 문제를 안고 있음에도 한국 의료는 나름대로 잘 작동해 왔습니다. 비판적 관점에서 문제점 위주로 소개하다 보니 현재의 한국 의료가 제 기능을 못 하는 엉망진창 상태라고 오해하실 수도 있으나, 의료 소비자로서 볼 때 한국 의료는 해외 선진국과 비교해도 비용 효율성 면에서 세계 최고 수준이긴 합니다. 오죽하면 유럽이나 미국 등지로 이민 간 해외 동포들이 굳이 국내로 돌아와서 진료받는 일이 생길까요.

하지만 실상은 위태롭기 그지없습니다. 코로나19 대유행과 뒤이은 의사 파업과 같은 외부 충격으로 인해 한국 의료의 오래된 균열이 드러나고 있거든요. 그런데 이런 균열들이 단순 땜질로 덮고 넘어갈 수 있는 정도가 아니란 게 진짜 문제입니다.

7장

코로나19로 드러난 아주 오래된 균열

코로나19 대유행은 이 책을 집필 중인 2022년에도 현재 진행형입니다. 2020년 초, 국내에 처음 보고되었을 당시에는 정보가 지나치게 부족한 탓에 미지의 질병에 대한 공포가 컸습니다. 저는 공교롭게도 그즈음 국내 첫 코로나19 대유행이 시작된 대구에서 근무 중이던 탓에 코로나 초기의 혼란을 직접 몸으로 겪었습니다. 부족한 마스크, 부족한 병상, 심지어는 화장장도 모자란 끔찍한 상황이었죠. 그렇지만 전국에서 쏟아져 들어오는 구호 물품과 발 벗고 대구로 달려온 전국의 자원봉사 의료 인력 덕분에 큰 고비는 겨우 넘길 수 있었습니다.

그런데 이것이야말로 '안전 마진'(Margin of Safety)☆ 없

☆ '가치투자'라는 개념을 창시한 투자자 벤저민 그레이엄이 창안한 용어로, 투자자가 실수를 하더라도 큰 손실은 보지 않도록 해 주는 최소한의 여유 폭을 말한다.

는 인력을 한계 상황까지 굴려 가며 버티고 있는 한국 의료의 현실을 적나라하게 보여 준 상징적인 사건이라 할 수 있습니다. 심지어는 2년여가 지난 지금도 똑같이 인력을 쥐어짜는 형태로 코로나19 방역 정책이 이루어지고 있어 이를 되짚어 볼 필요성이 여전하니 더 문제죠.

코로나를 막아 낸 두 개의 '인간 방패'

의료인들의 과로에 밀려 그리 크게 부각되지 못했지만, 한국이 비교적 성공적으로 코로나 방역을 할 수 있었던 가장 중요한 요인 중 하나는 막강한 공무원 동원력이었습니다. 전국의 보건소는 코로나19 대유행 3년 내내 상시 동원 상태를 유지했고, 각 구청이나 동네 주민센터에서 일하는 공무원들도 동원되어 코로나19 방역 업무에 참여했죠. 언론에서는 연일 국내 방역 행정이 처리 속도가 더디고 이런저런 오류가 있다며 질타했지만, 세계적으로 봤을 때는 주요 선진국과 비교해도 말이 안 되는 수준으로 잘 해낸 편입니다.

당장 이웃 나라 일본의 사례만 봐도 그렇습니다. 기이할 정도로 작은 '아베마스크'☆를 국민들에게 보급한다거나, 행정기관에서 수작업으로 확진자 수를 집계하는 등의 방식이

☆ 코로나19 대유행 초기 아베 정권에서
  국민들에게 지급한 마스크로, 크기가
  손바닥보다 작고 품질이 조악해 조롱의
  대상이 됐다.

이상해 보일 수도 있습니다. 그렇지만 유럽 선진국이나 북미도 크게 다를 바가 없었죠. 이게 '선진국'의 평균적인 행정 수준인 겁니다.

반면에 한국은 보건소 공무원만이 아니라 지방직 공무원과 보건 직무에서 일하는 사무관도 모두 동원해서 굴린 결과, 이 정도로라도 업무 처리를 해냈다고 봐야죠. 평시에는 공무원을 두고 '철밥통'이라느니 '하는 일이 없다'느니 하며 감원 얘기가 나오곤 하는데, 이런 예비적 인력 마진은 코로나19 대유행과 같은 위기 시에 진정으로 빛을 발합니다. 안정성 높은 장기 고용 형태가 아니라면 이 정도 인력을 고강도 단기 노동에 끌어 쓰기도 난망한 일입니다. 비효율적으로 보일 수도 있지만, 공공 영역이니 이렇게까지 할 수 있었던 것에 가깝습니다. 어찌 보면 국가적 차원에서 위기 시를 대비해 감내해야만 하는 비효율성이라고도 할 수 있죠.

성공적인 방역의 또 다른 요인은 역시 의료 인력입니다. 코로나19 대유행 기간에 막대한 수의 의료 인력이 선별진료소와 생활치료센터, 코로나19 입원 병상에 투입됐습니다. 2022년 4월 13일에 이루어진 중앙사고수습본부 정례브리핑에 따르면, 2020년 1월부터 2022년 4월 12일까지 방역 현장에 투입된 의사와 간호사의 숫자는 무려 1만 8,062명.[1] 이들 외에 직간접적으로 방역 현장에 투입된 간호조무사, 임상

병리사, 방사선사, 요양보호사 같은 의료 인력까지 합산하면 2만 4,189명이란 엄청난 수의 인력이 방역을 위해 수고를 아끼지 않은 겁니다.

그런데 이들이 경험한 업무 강도는 일반의 상상 이상이었습니다. 코로나19 확진자 치료를 위해서는 환자가 머무는 병실 내부의 공기가 외부로 빠져나가지 않도록 특수한 구조로 설계된 음압 병실에 환자를 입원시켜야 합니다. 그 후 의료인도 '레벨 D'라 불리는 전신 방호복을 입은 상태로 환자를 간호해야 하는데, 언론에서 흔히 접했을 흰색 우비 같은 옷이 바로 그겁니다. 삼염 방지를 위해 외부 공기 유입이 거의 차단된 상태가 유지되다 보니 가만히 있어도 땀을 잔뜩 흘릴 정도로 근무 강도가 높아졌습니다. 게다가 평소라면 다른 보조 인력이 담당했을 병실 청소 등의 잡무까지도 간호사들이 모두 담당해야 했습니다. 병실을 한번 들락거릴 때마다 방호복을 갈아입어야만 하는 데다 감염 관리 능력을 갖춘 인력은 간호사뿐이었기 때문이죠.

레벨 D 방호복을 입고 환자를 치료하는 의료진 (사진: 경북대학교병원)

이런 환경에서 장기간 코로나 확진자 간호를 전담하다 보니, 흔히 번아웃증후군이라고 불리는 정신적 소진도 심각했습니다. 2021년 건양대학교 간호학과에서 발표한 연구에 따르면, 코로나19 확진자를 담당한 간호사들은 '환자 상태 악화 및 지식 부족'과 '새로운 역할 및 요구로 인한 어려움', '복잡한 수행 절차 및 인력 부족'에 가장 큰 피로도를 느낀 것으로 나타났습니다.[2] 기존에 없던 새로운 질환을 앓는 환자를 간호하는 탓에 자연스럽게 겪어야 하는 어려움이야 어찌 보면 당연하지만, 인력 부족이라는 부담까지 덧붙은 게 안타까울 뿐이죠.

그런 근무를 마침내 끝낸 간호사들도 편치는 못했습니다. 같은 해에 가천대학교 간호학과에서 진행한 연구에 따르면, 코로나 확진자 간호에 참여했던 169명의 간호사 중 49%가 외상후스트레스장애(PTSD)☆를 앓는 것으로 나타났습니다.[3] 과도한 긴장 상태가 유지되거나 수면 장애가 생기는 등 전형적인 PTSD 증상을 겪고 있었죠. 더 안타까운 건 기혼 상태인 간호사일수록 이런 불안을 더 크게 느꼈다는 겁니다. 자신이 감염의 매개체로서 배우자나 자녀, 다른 가족 구성원에게 바이러스를 전파하거나 혹시나 주변에 코로나 확진자가 발생했을 때 비난을 받을까 봐 이중으로 괴로움을 겪어야만 했던 겁니다.

☆ 충격적인 사건을 경험한 후 사건이 종료된 후에도 계속 고통과 불안, 우울 등을 느끼며 해당 사건의 여파에서 벗어나기 위해 에너지를 지속적으로 소비하게 되는 정신질환.

그런데 이렇게 무리하게 투입된 인력조차도 실제 업무 강도에 비해선 모자랐습니다. 국내 첫 대규모 유행이라고 할 수 있는 신천지 신도 간의 전염이 대구에서 발생한 건, 국가 전체로 보면 차라리 다행스러운 일인지도 모릅니다. 대구는 광역시급 도시 중 유일하게 상급종합병원이 다섯 개나 존재하는 지역이고 대구의료원과 같은 대형 시립의료원도 있어서 의료 인력과 병상이 상대적으로 넉넉한 편이었거든요. 그러니 전국 각지에서 의료 인력이 자원봉사 형태로 참여하는 것만으로도 급한 불을 끄는 데 성공했습니다. 하지만 여기서 주목힐 짐은 상급종합병원이 다섯 개나 있는 지역에서조차 추가적으로 발생한 코로나 확진자를 볼 수 있는 의료인이 부족했다는 황당한 현실입니다.

책의 1부에서 꼼꼼히 살펴봤듯 한국 의료 현장은 최소한의 인력을 최대한 쥐어짜며 운영되는 참으로 효율적인 구조였으니 인력의 안전 마진이랄 게 전혀 없었던 겁니다. 몇 년 전에 코로나19와 비슷한 호흡기 감염병인 메르스(MERS) 유행을 겪은 덕분에 관리 체계는 어느 정도 정비됐지만, 돈이 드는 인력 충원은 제대로 진행되지 않았으니 이런 일이 발생한 거죠.

대구와 같은 국내 일부 지역에서 국소적으로 코로나19가 유행하는 경우에는 타지에서 의료진을 파견할 수라도 있습니다. 그런데 전국 단위로 '델타 변이'와 '오미크론 변이'가 유행하자 어디서도 다른 지역으로 파견 보내 줄 수 있는 여유 인력이 없었죠. 그즈음부터 동네 이비인후과 등에서도 전문가용 신속항원검사를 진행하고 코로나 증상 완화를 도와주는 약을 처방하며 재택 치료를 하도록 했는데, 이건 '오미크론'이 약해서 그런 게 아닙니다. 기존 체계로는 도저히 수용할 수 없는 수준의 확진자가 쏟아지니 어쩔 수 없이 택했던 차선책에 가까운 일이었죠. 방역 행정보다 의료 현장이 먼저 마비되니, 위중증 환자만이라도 제대로 치료하기 위해 경증 환자를 병원급 의료 기관이 아닌 동네 의원에서 보도록 조치한 겁니다. 이렇게 인력 부족이라는 급한 불을 끄긴 했지만, 그 외에도 '균열'은 곳곳에 존재했습니다.

개발도상국 식 '공간 효율성'의 대가

2022년 현재, 한국 병원의 보편적 병실은 4인실입니다.[4] 물론 6인실도 여전히 많고 더 열악한 7~8인실을 유지하는 곳도 존재하죠. 과거에는 건강보험 적용조차 되지 않던 '상급 병실'인 2~3인 병실이나, 현재도 건강보험이 적용되지 않는 특실 개념의 1인 병실도 있습니다. 어쨌거나 기본 모델은 4인실이라고 할 수 있죠.

코로나19 대유행 이전에 입원이나 병문안 경험이 있으신 분은 알겠지만, 4인실 병실조차도 매우 비좁고 열악한 환경입니다. 그런데 이런 병실에 병구완 역할을 맡은 보호자나 간병인까지 간이침대를 놓고 쪽잠을 자니, 그 비좁은 병실에 최소 여덟 명 정도씩은 꽉꽉 들어차 생활하는 게 일반적이죠. 혹여나 전공의 여럿을 데리고 회진을 하는 교수 행렬이라도 들어왔다간, 내가 출근길 대중교통에 있는 건지 병 치료를 위해 병원에 입원해 있는 건지 헷갈릴 정도입니다. 이마저도 시시때때로 몰려오는 단체 병문안 손님은 고려하지 않은 상태입니다.

인권 같은 거창한 가치를 얘기하려는 게 아닙니다. 동일한 면적의 공간에 최대한 환자들을 많이 밀어 넣어 각자가 부담하는 고정비용을 최소화함으로써, 환자 개개인의 의료 비용을 줄이고 병원의 수익성을 높이는 것도 충분히 선택 가능한 정책 대안 중 하나니까요. 국내에서는 의료의 질이 어느 정도 떨어지는 것은 감수하더라도 비용을 줄이는 걸 우선하는 방식을 택한 것뿐입니다. 마치 대부분의 개발도상국이 그러는 것처럼 말이죠. 의료 인력의 부족과 의료 시설의 부족, 그리고 의료 비용으로 지출할 수 있는 금액의 부족이 겹칠 때 개발도상국의 보건 당국은 그런 선택을 내릴 수밖에 없습니다.

과거 개발도상국 시절의 한국도 당연히 그랬고, 경로 의존성에 의해 지금도 4~6인 병실이 가장 많은 나라가 된 거죠.

그렇지만 지금 한국과 비슷한 수준의 국력을 갖춘 해외 선진국들에서는 1980~1990년대에 이미 2인실 체계가 보편화되었습니다. 미국 의학 드라마에 나오는 환자 병실은 특별히 미국 의료의 선진성을 과장하거나 병원 환경의 쾌적함을 강조하기 위해 꾸며 낸 1~2인실이 아니라는 겁니다. 의료 비용 증가를 감수하더라도 의료의 질을 높이겠다는 선택을 내린 거죠. 이유야 여러 가지겠지만, 가장 큰 이유는 환자의 감염 위험을 무시할 수 없어서라고 보는 게 맞습니다. 병원에선 입원 환자가 다른 입원 환자를 감염시키는 일이 꽤 흔하거든요.

단순히 그런 일이 생길 수도 있다는 가능성의 영역이 아니라, 실제로 한국에서는 최근에 그런 일이 발생했습니다. 2015년 메르스 사태는 병원 내에서 발생한 감염이 대규모 확산으로 이어진 경우입니다. 질병 등으로 인해 체력과 면역력이 떨어진 상태의 환자들이 다닥다닥 모여 있는 병실에 본인도 모르는 사이에 메르스 환자가 들어왔고, 약해진 환자들을 매개로 감염은 병원 내에서 빠른 속도로 퍼져 나갔죠.

메르스가 유독 특이한 경우일까요? 전혀 아닙니다. 코로나19 대유행기에 요양병원이나 정신병원에서 대규모 환자 발생 사태가 심심찮게 터졌던 것도 정확히 같은 이유입니

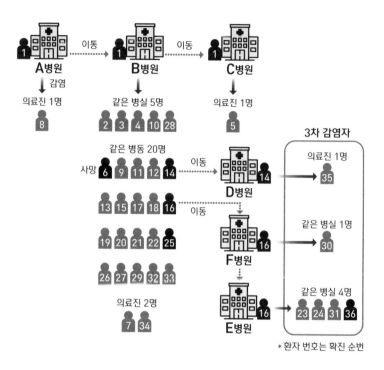

메르스 사태 당시 환자의 병원 이동과 감염 확산 경로
(자료: 질병관리본부)

다. 이들 병원의 환자들은 일반 병원보다도 훨씬 밀집된 다인실 병실에서 집단생활을 하는 경우가 많습니다. 그러니 환자 중 하나라도 코로나19에 감염되면 병원 전체에 퍼지는 건 순식간이죠. 이런 식으로 병원에서 발생하는 감염을 원내 감염(nosocomial infection)이라고 부르는데, 꽤 오랫동안 의료 분야에서 계속 지적받아 온 문제입니다.

가령 2010년대에는 여러 항생제에 대해 복합적인 내성을 갖춘 슈퍼박테리아의 위험성에 대한 보도가 수차례 이어졌습니다. 어떤 항생제를 써도 잡을 수 없는 세균 감염을 일으키는 무서운 박테리아라고 소개됐죠. 그런데 슈퍼박테리아는 일상적인 환경에서는 생존하기가 어렵습니다. 슈퍼박테리아가 강력한 항생제에 대한 저항성을 갖춘 이유는 이들이 일반 세균과 달리 매우 비효율적이고 거추장스러운 방식으로 증식하기 때문이거든요.

현재 인류가 사용하는 다양한 항생제들은 전통적인 방식으로 증식하는 세균을 목표로 삼아 공격하도록 개발되었습니다. 그러니 항생제가 있는 조건에선 효율은 떨어져도 항생제를 회피하는 다른 방식으로 세균이 증식할 가능성이 있는데, 이런 세균은 항생제가 없는 일반 자연환경에서는 다른 세균과의 경쟁에서 이길 수가 없습니다. 생존의 효율성이 떨어지기 때문이죠. 그런데 항생제가 무척 빈번히 사용되는 병원 환경에서는 항생제에 대한 저항성이 없는 다른 세균보다 오히려 슈퍼박테리아의 경쟁력이 높습니다. 그러니 멀쩡히 병원에 걸어 들어온 환자도 슈퍼박테리아에 감염되어 사망할 수 있는 거죠.

이런 위험성은 2인실에서도 똑같이 적용되긴 하지만 6인실이나 8인실에서라면 옆자리 환자가 무슨 감염성 질환을 앓고 있는지, 그 환자의 보호자와 방문객 들이 어떤 균을 옮겨오는지조차 파악이 어렵습니다. 그러니 어느 정도 경제 규모를 갖춘 국가라면 병실 내 환자 수를 줄이는 선택을 내리는 거죠. 그렇지만 한국에선 효율을 더 중시했고, 코로나19 대유행 시기에 빈발하는 병원 내 집단 감염을 겪으면서 환자들의 목숨으로 그 대가를 치렀습니다.

심지어는 병원 통째로 출입을 봉쇄하고, 내부에 의료진과 직원마저 가둬 둔 상태로 병원이 알아서 환자를 치료하라는 '코호트 격리' 같은 극단적 조치까지 겪어야 했는데요. 2020년 12월 11일, 경기도 부천시 소재 효플러스요양병원에서 67명의 확진자가 발생해 코호트 격리 조치가 단행됐습니다. 그런데 그달 31일 코호트 격리가 해제되기까지 88명이 추가 확진되어 총 155명의 확진자가 발생했고, 이 중 39명이 사망하는 끔찍한 참사가 발생했습니다. 해당 병원장은 신문 인터뷰를 통해, 지원받은 물품은 생수와 방역복뿐이었고 위중한 환자의 이송 조치도 제때 이루어지지 않아 환자 희생이 컸다며 코호트 격리 조치의 부당함을 강하게 비판했습니다. 이

코호트 격리로 요양병원 안에 함께 갇힌 의료진 (사진: 연합뉴스)

처럼 병실 수용 효율성의 대가는 매우 참혹했다고 할 수 있겠습니다.

가짜뉴스의 범람, 의료 커뮤니케이션의 실패

4장에서 약국에서의 복약지도 얘기를 다뤘습니다. 꼭 필요한 내용을 전달하는 과정이 오랫동안 제대로 이루어지지 않은 탓에 환자들도 애초에 필요성을 모르는 상태까지 와 버렸다고요. 그런데 이런 문제는 약국에서만 발생하는 게 아니라 의료 분야 전반에서 비슷한 수준으로 관찰됩니다. 의사나 간호사도 환자에게 최소한의 고지 의무는 지키고 있으나, 바쁜 의료 인력으로서는 환자가 본인의 질병이나 특정한 의료 행위 혹은 처방된 의약품에 대해 완전히 이해하고 있는지를 확인할 여유가 없거든요. 사실상 '아침·점심·저녁 하루 세 번 드세요'가 거의 모든 분야에서 반복되는 겁니다. 물론 이런 방식은 그만큼 비용 효율적이긴 합니다. 굳이 긴 시간을 들여 커뮤니케이션하지 않음으로써 최대한 많은 환자를 저렴한 비용으로 처리할 수 있으니까요.

그런데 그 폐해가 이번에 여실히 드러나 버렸습니다. 코로나19 대유행 시기에 소셜미디어를 기반으로 가짜뉴스가 정말 활발하게 유통됐는데, 의료 인력이 지접 환자를 내면함으로써 이런 가짜뉴스를 걸러내고 환자들의 불필요한 우려를 불식해 주는 커뮤니케이션 기능을 제대로 수행하지 못했거든요.

가짜뉴스 중 가장 대표적인 게 '백신 무용론'이었습니다. 백신은 방탄조끼와 같아서, 총알을 맞더라도 '덜 다치게' 해 주는 것이지 총알을 피하게 해 주는 게 아닙니다. 그런데 초기 백신 접종을 독려하고자 나온 메시지가 백신 접종 시에는 코로나19 감염이 되지 않는다는 식으로 전달된 탓에, 백신 접종 후 코로나 확진이 발생하자 '백신은 실제로는 효과가 없었다'는 주징이 힘을 얻어 버렸죠. 이런 오해야 잘못된 커뮤니케이션의 결과라고 생각하면 이해라도 가지만, 그런 합리적 불신을 넘어 황당한 수준의 코로나 백신 음모론이 만연했다는 게 문제입니다. 물론 백신을 현미경으로 들여다보면 알 수 없는 괴생물체가 포함되어 있다든가, 백신 안에 마이크로칩이 포함되어 있어 백신을 맞으면 마이크로소프트 창립자 빌 게이츠에게 조종당한다는 식의 황당한 음모론은 정상적인

'방역패스' 효력 정지 가처분 신청을 낸 유튜버의 기자회견 모습 (사진: 연합뉴스)

판단력을 갖춘 시민이라면 비웃고 넘어갈 일이니 큰 문제가 아닙니다.

그런데 충분한 판단 능력을 갖춘 시민들도 불안감을 느낄 만한 위험한 정보가 사실인 양 유포되는 사례가 상당히 많았습니다. 가령 백신 접종 후에 열이 심하게 난다거나 하는 건 정상적인 면역반응의 일환으로서 어쩔 수 없는 측면이 많습니다. 그렇지만 의료 기관에서는 백신에 대한 설명을 제대로 진행하기보다는 최대한 많은 수의 환자에게 빠르게 접종하는 것에만 집중했다 보니, 정작 백신을 접종한 시민들에게조차 '부작용 때문에 열이 너무 나서 죽을 뻔했다'는 인식을 심어 주는 데 일조하고 말았습니다. 부족한 인력으로 바삐 손을 놀려 전 국민에게 접종을 진행한 의료인들이야 평소대로 할 일을 했을 따름이지만, 한국에서의 '평소대로'가 애초에 그리 바람직하지 않았기에 생긴 문제인 겁니다.

의료진의 "따끔합니다"라는 말은 곧이어 맞게 될 주삿바늘의 따끔함을 견디게 만들어 줍니다. "접종 후 열이 나고 몸살 증상처럼 컨디션이 나빠집니다"라는 말 역시 의료 인력에게는 상식에 가까운 것이라도 시민들에게는 그렇지 않다는 걸 이해하고 설명을 해 줬어야 하는데, 의료에 대한 신뢰가 중요한 시기에 이를 놓친 게 안타까울 뿐이죠.

의료 인력에 대한 사회적 신뢰는 여전히 대체로 높은 편이지만, 현실에서 접하는 보건의료인에게 충분히 설명받는 경험을 해 본 적이 없는 사람들은 의학적 의문을 해소하기 위해 인터넷을 활용할 수밖에 없습니다. 바빠 보이는 사람 붙잡고 꼬치꼬치 캐묻기가 부담되기도 하거니와, 그런 식으로 상담을 받아 본 경험도 없으니 그런 걸 물어봐도 되는지조차 잘 모르기 때문이죠. 이 역시 자발적인 선택 아니냐고 할지도 모르겠지만, 4장에서 살펴봤듯 복약지도가 왜 필요한지를 모르는 상태에서 이를 자발적으로 거절할 수는 없습니다. 마찬가지로 의료 인력에게 무엇을 물어볼 수 있는지도 모르는 상태에서 질문하지 않는 걸 자발적인 선택이라 보긴 힘들죠.

실제로 TV 쇼 프로에 출연하는 각종 '쇼닥터'가 대중의 사랑을 계속 받는 것도 이런 이유입니다. 현실에서 내가 경험하는 의료 기관은 아픈 곳을 말하면 검사를 통해 수치를 읊어 주거나 약을 처방해 주는 것이 전부지만, 쇼닥터들은 건강 상담은 물론이고 질병에 대한 설명도 친절하게 해 주니까 호감을 갖는 거죠. 의료계 내부에서는 각종 쇼닥터에 대한 비판 여론이 높지만, 이들이 왜 인기를 얻는지 이해하려고 하지는 않는 것 같아 못내 안타까울 뿐입니다. 이 역시 상담은 등한시하고 비용 효율성 하나만을 좇아 온 한국 의료의 단점이 가장 두드러지게 드러나는 부분이라고 할 수 있겠습니다. 우리는 그 여파를 코로나19 대유행 기간에 각종 가짜뉴스의 범람이라는 형태로 치러야만 했고요. 시설과 커뮤니케이션 측면에서 한국 의료가 효율을 위해 희생했던 모든 것들이 청구서를 들이밀게 된 겁니다. 그리고 결국 의료 인력마저도 국가에 청구서를 내놓기 시작했습니다. 바로 의사 파업입니다.

8장

의사들이 파업에 나섰던 '진짜' 이유

　　의사들은 대체 왜 코로나19 대유행으로 엄중하던 시기에 굳이 파업이란 극단적인 카드까지 꺼내 들었을까요? 의사의 파업이 윤리적으로 정당화될 수 있느냐, 그런 행위가 현행법상 불법이냐 합법이냐 하는 것은 책에서 다룰 내용과 좀 떨어져 있다고 생각해 굳이 다루지는 않겠습니다. 공공 영역 종사자 파업의 정당성 문제는 꼭 의사와 같은 의료 인력만이 아니라 다른 노동자에게도 공통으로 적용되는 사항이고, 그 불법성 여부는 노동계에서 수십 년째 정부와 다퉈 오고 있는 문제이기 때문이죠. 실제로 공공 부문 노동자들이 모여서 설립한 전국공공노동조합연맹이 현재도 활발히 활동하며 단체행동을 이끌고 있으니, 의료 부문에만 공익적 특수성을 적용하기는 좀 곤란하다는 게 개인적인 생각입니다.

어쨌거나 2020년의 의사 파업은 중요한 의미를 갖습니다. 투쟁의 전면에 나섰던 전공의들이나 의과대학 학생, 의사협회에서는 정말 다양한 쟁점들을 내세웠지만, 실제로는 해당 쟁점에 대한 불만 하나만으로 파업 같은 극단적 선택지가 나온 건 아닙니다. 실상은 그간 의사 사회 내부에 쌓인 불만들이 분출된 것에 가깝습니다. 당시 의사협회장으로 최대집☆ 같은 극단적인 인물이 선출된 게 이를 방증한다고 볼 수 있는데, 이런 불행한 사태가 재발하는 걸 막기 위해선 누적된 불만의 이유를 살펴보는 것이 더 바람직합니다. 대체 의사들은 어디에 그리 큰 불만을 느끼고 있었기에 국가적 위기인 코로나 대유행 시기에 파업 같은 극단적인 수단까지 동원하게 된 걸까요?

의대 정원 증원, 왜 민감한 문제인가

중요 쟁점 중 하나는 의과대학 정원 확대 정책이었습니다. 일반 시민의 눈으로는 단순히 같은 분야 대학 정원을 늘리는 것에 왜 저렇게 반대하는지 이상하게 여겨질 수 있습니다.

☆ 현실 정치에서도 서북청년단의 정신을 계승한다며 자유개척청년단을 설립한다거나, 박근혜 전 대통령 탄핵 반대 집회에 주도적으로 나서는 등 뚜렷한 보수 우파적 정치 성향을 드러냈던 문제적 인물로, 문재인 정부와의 강경 투쟁 노선을 내걸어 제40대 의사협회장으로 당선되었다.

일차적인 원인은 다른 모든 전문직과 유사하게, 기존 시장 진입자들이 공급 증가로 인한 경쟁 심화를 꺼리기 때문입니다. 2장에서 전문의 수의 증감을 통해 살펴본 것처럼 공급이 늘어나면 점진적으로 임금 하락이 따라오니까요. 의사협회에서는 회원들이 반대하니 이익단체로서 이런 현상을 방어하는 게 당연한 책무이며, 다른 직역 단체도 비슷한 활동을 해 왔기에 그리 낯선 일은 아닙니다. 약대 신설 시에 약사들도 그랬고, 의료계가 아닌 공인중개사협회 같은 곳도 그랬으며, 변호사들도 사법고시 선발 인원 증원은 물론 로스쿨로의 체제 전환과 증원에 강하게 반발한 바 있습니다.

그런데 유독 의사협회가 이런 변화에 더 격렬하게 반발하는 것에는 나름의 역사적 맥락이 있습니다. 의사들은 일방적인 의대 증원이 의사와 사회가 맺은 암묵적인 사회계약의

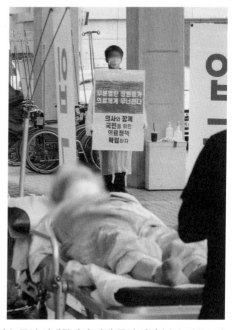

2020년 9월, 이송 중인 외래환자와 시위 중인 의사 (사진: 연합뉴스)

위반이라고 생각하기 때문에 더 감정적으로 격한 반응을 보이는 것이거든요. 물론 의료계 내부에도 이견은 존재합니다. 같은 의사라고 하더라도 사용자와 노동자가 나뉘기 때문이죠. 1~2인으로 운영하는 동네 의원에서야 경쟁 상대가 느는 것을 반기지 않지만, 의사 다수를 고용하는 병원급 의료 기관의 설립자는 자신이 의사임에도 의사 수가 늘어나기를 바랍니다. 그래서 의사 중 사용자 격의 사람들이 모인 단체로 대한병원협회가 의사협회와는 별도로 꾸려져 있습니다. 비유하자면 전국경제인연합회와 같은 곳이라 할 수 있죠. 대한병원협회가 동네 의원을 운영 중인 개원의나 병원에 고용되어 일하는 봉직의☆가 주류인 대한의사협회와는 다른 의견을 내는 이유입니다. 어쨌거나 의사들의 주류 의견은 의사협회 쪽에 더 가깝지만요.

앞서 다양한 사례를 통해 한국의 의료는 비용을 최소화하면서도 최대한 많은 환자를 볼 수 있는 극도의 비용 효율성을 추구해 왔음을 밝혔습니다. 인력이나 시설은 물론 의료의 질까지도 어느 정도 희생할 만큼 효율성을 높이는 데는 정말 진심이었죠. 그런데 잘 생각해 보면 비용을 최소화하는 가장 좋은 방법은 같은 시간에 최대한 많은 환자를 보게 만드는 것이 아니라, 의료 행위의 가격 자체를 깎아 버리는 겁니다. 그렇지만 일반적인 시장경제 체계에서 특정 상품이나 서비스의

☆ 의료 기관에 고용되어 월급을 받으며 일하는 의사를
일컫는 말. 기원 불명의 영어식 표현인
페이닥터(줄여서 '페닥')를 사용하기도 한다.

가격을 정부에서 임의로 낮추는 것은 매우 어려운 일입니다.

가령 치킨을 예로 들어 보겠습니다. 치킨 가격이 오르면 소비자의 가격 저항도 생기고 정부에서도 비공식적인 방식으로 압력을 가할 수는 있지만 실제로 가격을 정하는 건 치킨집입니다. 치킨집에서 값을 올리겠다면 엄밀하게 말해 이걸 막을 방법은 없거든요. 설립 시 국가에서 재정 지원을 해 주는 것도 아니고, 망하면 오롯이 본인 빚으로 남는, 정말 내 돈 들여서 세운 곳이라 간접적인 압력 행사 정도가 전부인 겁니다.

당연한 말이지만, 의료는 치킨이 아닙니다. 대체재가 있는 치킨과 달리 의료 서비스는 필수재의 성격을 지닙니다. 그로 인해 정부의 가격 개입도 어느 정도 정당화되는 데다 전 국민 의료보험인 국민건강보험에서 의료비의 상당수를 부담하고 있죠. 이런 이유로 정부에서는 보험이 적용되는 모든 의료 행위의 가격을 직접 정하고 있습니다. 그런데 이런 방식이 우리 일상에서는 어색한 개념인 만큼, 치킨의 가격 결정 시스템에 빗대어 설명해 보겠습니다.

설명을 위해 치킨이 의료 서비스와 같은 필수재라고 해 보겠습니다. 정부에서는 전 국민이 치킨을 먹을 권리를 보장하기 위해 치킨보험공단이란 곳을 만들고 모든 국민을 치킨보험에 가입하게 했죠. 전 국민에게 매달 1만 원씩 치킨보험료를 받는 대신, 2만 원짜리 치킨을 시킬 때마다 국민들은

6,000원만 내고 나머지 1만 4,000원은 치킨보험공단에서 내
주기로 했습니다.

그런데 이런 방식으로 운영하다 보니, 치킨 값 2만 원을
본인이 오롯이 부담하던 때보다는 가격이 많이 저렴해진 탓
에 치킨 주문량이 늘어 버렸습니다. 당연히 치킨보험 재정에
는 부담이 갈 수밖에 없죠. 이 상황에서 내릴 수 있는 선택지
는 두 가지입니다. 전 국민에게 매달 받는 치킨보험료를 인상
하거나, 아예 치킨 값을 2만 원보다 낮춰 버리는 겁니다.

정부는 두 번째 방법을 택했습니다. 2만 원이던 치킨 값
을 1만 5,000원으로 바꿔 버렸죠. 당연한 말이지만, 이렇게 가

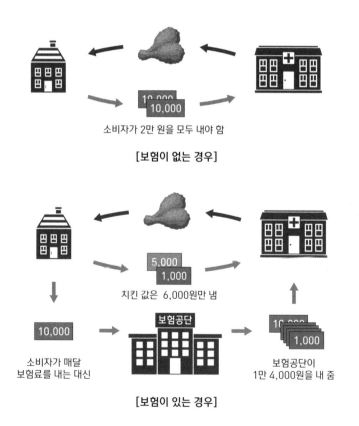

치킨 값에 비유한 건강보험제도의 원리

격이 바뀌면 치킨집들은 상대적으로 이윤이 줄어들어 반발할 수밖에 없습니다. 정부가 여기에 대한 보상으로 내민 게, 전국 치킨집 개수를 강력하게 통제해서 신규 치킨집의 시장 진입을 어느 정도 막아 주는 방식이었습니다. 그러면 치킨집 사장들은 건당 가격은 줄어들더라도 수익 규모가 어느 정도 보장되기 때문이죠. 대신 닭을 더 많이 튀겨 팔아야 하니 노동 강도는 높아지게 되지만 소득 수준 자체는 엇비슷하게 보장되긴 하니까요.

실제로 이런 강력한 가격 통제 제도가 가능했던 건, 건강보험제도가 서슬 퍼렇던 박정희 정권에서 도입되었기 때문입니다. 인권 침해를 자행하던 독재 정권에 의사라고 해서 딱히 맞설 방법이 있던 건 아니었으니 정부의 정책 변화를 받아들일 수밖에 없었던 거죠. 독재 정권의 어두운 면이 한국 사회 전체에는 도움이 됐던 무척 아이러니한 사례인데, 의사 사회에는 이것이 큰 트라우마로 남았다는 게 문제입니다.

국내 병원급 의료 기관의 수는 총 4,034개로 이 중 공공 의료 기관은 약 5.5%인 221개에 불과합니다(2019년 기준).[1] 바꿔 말하자면, 국내 의료 기관의 압도적 다수는 설립 주체가 민간이라는 얘기죠. 이마저도 6만 5,000여 개에 달하는 동네 의원은 뺀 수치입니다. 민간 설립 의료 기관은 대규모 공익성 의료재단 등에 의해 설립된 경우가 아니라면 실질적으로 일반

자영업인 치킨집이랑 구조가 별로 다를 바 없습니다. 3장에서 살펴본 것처럼 의료 장비 도입 등에 대한 세제 혜택은 받고 있지만, 의료 기관 설립을 위한 모든 비용과 폐업 시의 책임이 설립자인 의사 개인에게 집중된 건 마찬가지거든요. 그런데 강제적인 건강보험 적용과 동시에 가격 인하가 되었으니, 의료계는 수익률이 기존보다 악화되는 걸 실시간으로 경험한 겁니다.☆

그러다 2000년대에 의약분업 과정에서 의사협회는 정부와 갈등을 겪으며 다시금 정부 정책에 대한 신뢰도를 크게 잃게 되었습니다. 갈등의 자세한 내용은 책의 범위를 벗어나 다루지 않겠습니다만, 거칠게 요약하면 의사 사회는 의약분업 당시 정부가 약사회의 손을 들어 줘 의사 집단이 큰 손해를 보게 됐다는 인식을 공유하고 있습니다. 반대로 약사 사회에서는 정부가 의사협회 손을 들어 줬다는 인식이 강한 탓에, 의약분업으로부터 20년이 지났어도 갈등은 완전히 봉합되지 못한 상태죠.

이런 갈등 경험은 시간이 지나며 휘발되어 사라지긴커녕 해당 시기를 경험하지 않은 젊은 의사들에게도 집단적 기억의 형태로 계속 전해지고 있습니다. 정부는 예전부터 약속을 지키지 않았고 의사들은 계속 피해를 보고 있다는 식의 서사가 꾸준히 학습되는 겁니다. 단순히 '옛날 일'로 치부하기

☆ 제도 도입 시의 가격 책정이나 정책 결정의 배경 등은 보건의료 전문지 《청년의사》의 박재영 편집주간이 쓴 교양서 『개념의료』(2013)를 살펴보면 더 자세히 확인할 수 있다.

어려운 집단적 맥락이 존재하는 거죠. 그러다 '치킨집 출점 제한'에 대한 약속, 즉 의대 정원 유지에 대한 사회계약마저 깨지려 하니 집단행동에 들어간 겁니다. 표면적으로 드러난 원인은 의대 정원 증가지만, 조금 더 심층적으로 파악해 보면 현행 건강보험제도 자체에 대한 불만이라고 할 수 있습니다. 그런데 건강보험에 대한 의료계의 불만에 상당한 오해 또한 섞여 있다는 게 문제입니다.

의료 서비스 가격이 싼 것은 건강보험 때문?

앞서 잠시 언급한 최대집 전 의사협회장을 비롯한 의료계 내 우파들이 펴는 가장 대표적인 주장은, 현재의 건강보험 시스템을 폐지하고 의료 가격을 의사들이 자율적으로 결정하는 시장경제 시스템으로 돌아가자는 겁니다. 현재 의료계에서 발생하고 있는 무수한 문제가, 의료 가격을 정부가 제멋대로 정하는 데서 출발한다는 생각에 기반한 주장이죠.

단순히 의료계 내 일부 분파의 주장이라고 무시할 수도 없는 게, 건강보험 폐지 주장까지 나아가진 않더라도 의료 현장에서 의사들이 건강보험제도에 대해 느끼는 불만은 상당한 수준입니다. 특히나 의료계 내에서 가장 많이 나오는 문제 제기는 현행 건강보험 체계에선 의료 서비스 가격이 원가 이하로 책정된다는 식의 주장입니다. 정확히 어떤 점이 문제라는 걸까요?

현재 한국의 의료 서비스 가격☆은 개별 행위 건당 비용이 발생하는 구조입니다. 이해를 돕기 위해 치킨집 비유를 이어 가 보겠습니다. 우리가 생각하는 '치킨'의 비용은 단순히 튀겨진 닭만 덩그러니 오는 비용이 아니라 주문 시에 으레 같이 따라오리라 생각하는 것들(무, 탄산음료, 젓가락, 소스 등)을 모두 포괄한 가격에 가깝습니다. 이런 방식의 의료 서비스 가격 책정 방식을 '포괄수가제'라고 하는데, 현재 한국에서 주류를 이루는 의료 서비스 가격 책정은 이런 방식이 아닙니다. 비유하자면, '치킨 값'으로 모든 서비스가 퉁쳐진 금액이 아닌 '치킨＋무＋탄산음료＋젓가락＋소스＋안심배달스티커＋포장비＋배달비' 각각을 따로 책정하고, 이를 모두 합산해 치킨 값으로 청구합니다. 이런 방식을 '행위별수가제'(Fee-For-Service)라고 부르죠. 정확하게는 포괄수가제가 적용되는 일부 의료 행위(제왕절개, 치질 수술 등)가 있고, 그 외 나머지 질병은 행위별수가제로 구분된다고 할 수 있습니다. 정부에서는 심사의 편의성 등을 이유로 포괄수가제 확대를 요청하고 있지만, 의료계에서는 이를 통해 재차 비용 통제가 이루어질 것이라며 반대하죠.

☆ 공식 용어는 '건강보험 진료수가'로 흔히 '수가'라는 약칭이 사용된다. 건강보험공단에서 의료 서비스(행위, 약제, 치료 재료 등)에 매긴 가격을 의미하는데, 간략히 말하면 수가에 횟수를 곱한 값만큼을 의료 기관에 지급한다.

문제는 행위별수가제 방식에서 개별 비용이 실제 원가에 못 미치는 형태로 책정된 경우들이 있다는 점입니다. 말하자면 치킨 무의 원가가 500원인데 치킨보험에서 정한 치킨 무 가격이 450원이어서, 치킨 배달 시에 무가 같이 나갈 때마다 치킨집이 50원씩 손해를 본다는 식입니다. 농담 같지만 실제로 그런 일이 의료 현장에서 일어나고 있습니다.

예를 들어 건강검진이나 진단 목적의 내시경 시술에서 한 환자에게 사용한 내시경을 소독하는 건 당연한 상식의 영역이라고 할 수 있습니다. 앞 사람의 항문에 삽입했던 내시경을 소독도 없이 다음 환자에게 그대로 쓰는 건 말이 안 되니까요. 그러니 내시경 검사 전체 비용에는 당연히 '내시경 소독료'도 개별 항목으로 들어 있는데, 이 값이 원가에 미치지 못합니다. 내시경 소독에 드는 비용은 공공병원에서 이루어진 연구로는 1만 9,000원이 나왔고, 내시경학회에서 자체적으로

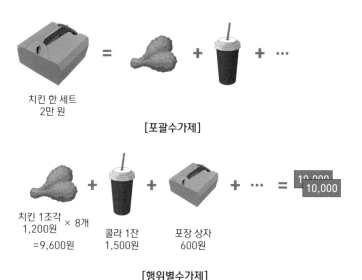

치킨 한 세트
2만 원

[포괄수가제]

치킨 1조각 × 8개
1,200원
=9,600원

콜라 1잔
1,500원

포장 상자
600원

10,000

[행위별수가제]

치킨 값에 비유한 의료 서비스 가격 책정의 두 가지 방식

수행한 연구에서는 2만 6,000원으로 나왔으니[2] 실제 비용은
이 사이의 어느 값일 겁니다. 그런데 실제로 내시경 소독 비용
에 책정된 값은 1만 3,000원뿐입니다. 상식 있는 의료인이라
면 내시경을 소독하지 않을 수가 없으니 내시경 소독을 할 때
마다 최소 6,000원에서 최대 1만 3,000원의 손해를 보는 식
인 거죠.

　의사들은 이런 사례를 자신의 전문 분야 진료 환경에서
끊임없이 계속 마주하니 '의료 가격이 적정하게 책정되어 있
다'고 생각하는 게 더 이상한 일에 가깝습니다. 이런 경험을 바
탕으로 현행 건강보험제도가 비합리적인 의료 가격 체계로 의
사를 착취하고 있다고 판단하게 되는 거죠. 이것이 의료계에
서 주장하는 '원가 미달', '지나치게 낮은 의료 서비스 가격(저
수가)' 같은 주장의 토대입니다. 다만 여기서 말하는 '원가'에
는 의료인의 인건비도 포함되어 있습니다. 일반적인 원가 산
정에는 이를 수행하는 사람의 인건비가 포함되는 게 당연한
일인데, 안타깝게도 관련 논의에서는 이런 사실이 쉽게 무시
되곤 하죠. 원가 이하의 의료 행위를 계속 반복하는데도 병원
이 버틸 수 있는 이유가 여기에 있습니다. 정부와 의료계는 이
'원가'의 산정 방식을 두고 계속 갈등을 빚고 있습니다. 양측
의 견해차가 큰 탓에 단기간 내 합의가 쉽게 이루어지진 않을
것으로 생각됩니다.

이런 현상을 해결하기 위해 의료계는 두 가지 방식의 해법을 추구했습니다. 첫 번째 해법은 실제로 비용 추산을 할 수 있는 연구를 통해 현재 책정된 의료 서비스 가격이 낮다는 근거를 만들고, 이를 토대로 정부에 의료 가격을 적정 수준으로 높여 달라고 주장하는 느리고 온건한 방식입니다. 실제로 의료 서비스 가격 변화 자료를 살펴보면, 지나치게 의료 서비스 가격을 낮게 책정했던 분야의 개선은 뚜렷하며, 느리긴 하지만 전반적으로 의료 서비스 가격을 높이는 방향으로 꾸준히 나아왔습니다. 대표적으로 소아과 같은 곳들이 그렇죠.

그렇지만 이런 더딘 변화를 못 견뎌 하는 이들은 언제나 있고, 이런 사람들이 두 번째 해법을 내놨습니다. 건강보험제도를 폐지하고 자율적으로 의료 서비스 가격을 결정할 수 있는 미국식 시장경제체제로 돌아가자는 겁니다. 얼핏 듣기에는 그럴듯해 보이지만, 건강보험제도의 한쪽 면인 가격 통제 부분만 강조하고 의료 서비스 공급자인 의사들이 건강보험에서 어떤 혜택을 보고 있는지는 제대로 이해하지 못하기에 나오는 엉터리 주장에 가깝습니다.

앞서 의료는 필수재의 성격을 지닌다고 설명했는데, 사실 모든 의료 서비스가 동일한 수준으로 가격탄력성이 낮은 건 아닙니다. 가령 산업재해로 인해 팔이 절단되어 의식을 잃고 대량 출혈 상태로 병원 응급실에 실려 온 환자는, 가격이 얼마이건 간에 생존을 위해서는 무조건 의료 서비스를 받아야만 합니다. 이때 의료는 분명 필수재의 성격을 지닌다고 할 수 있죠. 그런데 동네 의원 진료의 상당 부분을 차지하는 감기나 몸살, 배탈 같은 경증 질환은 중증 외상보다는 가격탄력성이 현저히 높습니다. 즉, 의료 비용이 지나치게 커지면 그냥 참고 의료 서비스를 받지 않는 선택을 내리지 굳이 병원을 찾지는 않는다는 말입니다.

치킨보험의 예시를 이어 가자면, 치킨보험 덕분에 치킨 값이 2만 원에서 6,000원으로 내려가면 어떤 고객은 분명 일주일에 두세 번은 치킨을 시켜 먹을 겁니다. 그런데 이런 치킨 애호가도 치킨보험이 폐지되면 한 마리에 2만 원을 내면서 일주일에 두세 번 치킨을 시켜 먹진 않는다는 겁니다.☆

통상적인 감기 환자가 동네 의원에서 진료받으면 대략 3,600원 정도를 내니, 일반 시민들은 감기 진료비가 딱 그 정도인 것으로 오해하고 있습니다. 그렇지만 이건 전체 의료비의 70%를 건강보험이 내주고 남은 본인 부담금일 뿐입니다. 건강보험이 폐지된다면 환자가 오롯이 1만 2,000원 정도의 금액을 내야만 합니다. 감기 때문에 한 번에 1만 2,000원을 쓸 환자는 그리 많지 않을 테고, 의사가 '자율적으로' 감기 진료비를 8,000원으로 낮추더라도 환자는 기존의 두 배를 내니 예전처럼 병원을 찾지는 않게 될 겁니다. 환자 수 자체도 줄어

☆ 내가 쓴 다른 책 『바이오 투자의 정석』에서, 건강보험이 제공하는 할인이 얼마나 강력한지, 제약 산업에 어떤 영향을 미쳤는지를 실제 수치를 이용하여 다룬 바 있다.

드는 데다 기왕 오는 환자도 기존보다 4,000원이나 덜 받고 진료해야 하는 상황을 의사들이 진정으로 바라고 있는 건지는 잘 모르겠습니다. 연간 약 2조 원에 달하는 감기 진료비[3]가 통째로 동네 의원 매출에서 사라지게 되면 운영 자체가 꽤 위태로워질 테니까요.

내시경의 사례에서 살펴봤듯, 현행 국내 건강보험에서 의료 서비스 가격을 의사의 기대치보다 낮게 유지 중인 건 사실입니다. 행위별수가제 시스템에서 개별 행위에 대한 수가 책정이 불합리한 경우도 많은 게 맞고요. 그렇지만 의료 기관은 그 반대급부도 동시에 누리고 있습니다. 환자들이 70%에 달하는 건강보험에 의한 가격 할인을 누리고 있기에 지금만큼이나마 의료 기관에 자주 방문하고 있는 셈이니까요. 머리를 삭발하고 '공산주의 의료 시스템으로부터의 자유'만을 목 놓아 외치는 강경파 의사들의 주장을 그리 신뢰하지 말아야 하는 이유죠.

오히려 의사들이 의료 현장에서 겪는 문제의 진정한 원인은 건강보험이나 가격 책정 과정보다도 심사 부분에 있을 가능성이 더 큰 걸 고려하면, 이런 엉성하고 극단적인 문제 제기의 해악은 더 크다고 할 수 있습니다. 차라리 건강보험 단일보험 체계가 아닌 다보험 체계로 개편하자는 주장은 귀 기울일 필요가 있지만요.

의료계와 '심평원'의 질긴 악연

의료인들이 현행 건강보험 체제에 느끼는 또 다른 불만이 있습니다. 자신은 의료인의 양심에 따라 정당한 진료를 봤음에도 과잉 진료라는 딱지가 붙어 건강보험공단에 청구한 공단 몫의 진료비를 제대로 못 받는다는 점입니다. 소위 말하는 '삭감'을 당한다는 거죠.

다시 치킨의 예를 들어 설명하면 이렇습니다. 치킨보험이 적용된 덕분에 국민들은 6,000원만 내고 2만 원짜리 치킨을 시켜 먹을 수 있게 됐습니다. 이 상황을 뒤집어 보면, 치킨보험공단에서 나머지 1만 4,000원을 치킨집에 무사히 보내 줘야지만 치킨 값 2만 원이 완전한 매출로 잡게 됩니다. 그런데 치킨보험공단에서 갖은 이유를 들어 1만 4,000원을 제대로 지급하지 않고 트집을 잡는 상황이 발생한다면 치킨집 사장님은 이런 상황을 어떻게 받아들여야 할까요?

이게 실제로 의료 기관과 국민건강보험공단 간에 벌어지고 있는 현실입니다. 의학적 필요가 있어서 의료 행위를 수행했고 건강보험공단에 비용을 청구했는데, 나중에 공단이 의료 기관에 건강보험 몫의 의료 서비스 비용을 지급하는 과정에서 돈을 덜 주는 일이 발생하는 겁니다. 이런 일이 생기는 이유가 뭘까요?

대외적으로 내세우는 정당한 목표는, 의료 분야의 정보 비대칭성이 지나치게 커서 과잉 진료나 건강보험료 부당 청구를 막아낼 필요가 있다는 점입니다. 의사들이 의학 분야에 대한 전문성을 충분히 갖췄다는 건 이론의 여지가 없겠습니다만, 의사 면허가 개인의 양심을 보장해 주진 않습니다. 교육 과정에서 의료 윤리를 누차 강조하고 히포크라테스 선서 같은 절차도 밟기는 하지만 의사도 사람인 만큼 비양심적인 소수는 당연히 존재하거든요. 그 자체야 어느 분야에서건 발생하는 자연스러운 일이지만 의료 분야에서는 이것이 더 심각한 문제를 일으킵니다. 평범한 시민들이 의학적 전문성을 갖추지 못한 탓에 의료 공급자가 비양심적인 행위를 했을 때 이를 잡아내기가 무척 곤란하거든요.

약국에서 벌어지는 일을 예로 들어 보겠습니다. 약국 방문 시에 약사가 환자의 요청에 따라 영양제를 권하는 일도 있겠습니다만, 환자인 내가 별로 원치 않는데도 불필요하게 영양제 구매를 종용하는 것 같다는 불쾌감이 들 때도 있었을 겁니다. 그런데 이런 경우조차 환자가 현재 자신의 건강 상태를 고려했을 때 해당 영양제는 내 건강을 향상시키지 못할 것 같다는 명확한 판단을 내린 후 그런 인상을 받은 건 아닐 겁니다. 영양제 구매의 필요성을 설명하는 태도나 화법, 뉘앙스 등의 간접적인 근거에 의해 자연스럽게 느꼈을 뿐이죠.

약국에서 바로 사는 간단한 영양제조차도 이러니, 좀 더 위중한 건강 상황을 다루는 병원에서는 더더욱 환자 스스로 판단을 내리기가 힘들 겁니다. 그래서 의료 분야에 대한 전문성을 갖춘 정부 심사 기관을 만들어서 해당 의료 행위가 적절했는지 대신 판단해 주겠다는 발상이 나온 것은 매우 자연스럽습니다. 이 역할을 담당하는 게 건강보험심사평가원(이하 심평원)이란 기관입니다.

실제로 심평원이 공개하는 부당 청구 사례집 자료[4]를 살펴보면, 부당 청구는 생각 이상으로 많이 발생하고 있습니다. 아예 병원을 방문하지 않은 환자 이름을 허위로 올려 진료를 본 것처럼 비용을 청구하는 경우도 있고, 실제로 진료는 했으나 내역을 부풀려 청구하는 사례도 있으며, 심지어는 하지도 않은 검사를 시행했다며 허위로 검사료를 청구하는 사례까지도 있었죠. 그러니 전문 심사 기관의 필요성은 분명 존재한다고 볼 수 있습니다. 그런데 문제는 실제로 심평원에서 진행되는 심사 방식이 오롯이 부당 청구를 막는 방식으로 작동하는 게 맞는지 의심이 드는 사례가 많았다는 겁니다.

'과잉' 진료라는 걸 누가 어떻게 판단하는가

심평원 등에서 심사가 수행되는 방식을 보면, 해당 기관의 목표가 부당 청구를 막는 게 아니라 '과잉 진료'로 판정해 의료비를 절감하려는 게 아닌가 하는 의심이 들 법도 합니다. 부당 청구야 이론의 여지 없이 잘못된 일이지만, '과잉 진료'는 조금 애매한 영역이거든요. 실제로 일반적인 의사의 진단 방식은 아주 확신을 갖고 질병명을 콕 집어내는 것이라기보다는 증상 등을 살펴봄으로써 가능한 질환의 범위를 좁혀 가는 소거법의 논리를 따릅니다.

가령 '두통'이라는 증상은 뇌혈관에 심각한 문제가 생겼을 때도 발생할 수 있고, 단순히 스트레스성일 수도 있으며, 편두통같이 만성적인 증상일 수도 있습니다. 이런 다양한 질병 중 어떤 것이 두통을 일으켰는지를 파악하기 위해서는 결국 가능성의 범위를 좁히기 위한 수단으로서 검사가 필요합

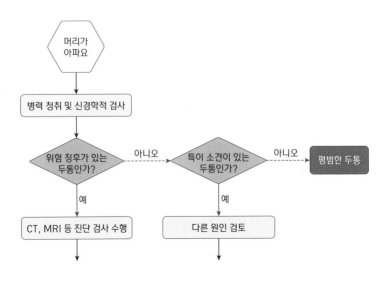

두통 진단 순서 모식도

니다. 환자가 다양한 건강 요인으로 인해 혈전 발생 위험성이 높은 사람이라면, 뇌혈관이 막혀서 두통이 발생했을 가능성을 완전히 배제하긴 어렵기에 조심스러운 의사들은 추가 검사를 권하는 식이죠. 다행히도 대다수의 경우는 뇌혈관이 막혀 발생한 두통이 아니지만, 이런 경우 환자는 별것도 아닌 두통 때문에 과잉 진료를 당했다고 오해할 수 있습니다. 의사가 조금 더 조심성을 발휘한 것인데도 말이죠.

의학적 지식이 부족한 시민들이 이런 오해를 하는 것이야 어쩔 수가 없지만, 의료 기관에 '돈을 줘야 하는 입장'인 건강보험에서는 최대한 이를 박하게 평가하는 게 본인들에게 이득이 됩니다. 국민건강보험이 유독 악독해서가 아니라 민간 생명보험사에서 보험금 심사하는 절차를 떠올려 보면 쉽게 납득이 됩니다. 보험사도 이윤이 남아야 하니까요. 그런데 공공의료보험인 국민건강보험이 그래서는 안 된다는 인식이 있었고, 돈을 지불하는 주체와 해당 의료 행위가 타당했는지를 평가하는 주체를 분리하자는 결론을 내렸습니다. 그래서 심평원이 설립된 것인데, 구조적으로는 건강보험공단에서 독립된 별도의 기관이라곤 하나 실제로는 그렇지 못하다는 게 문제입니다.

원칙적으로 심평원에서는 '재정'에 대한 부분보다는 의학적인 부분만 따지면 됩니다. 어떤 질환에 대해 특정한 의학적 처치를 한 것이 적절했는지 따져 보고, 해당 조치가 의학적으로 타당하면 보험 적용을 해 주는 게 맞다는 판단만 내리면 되는 식이죠. 그런데 심평원 심사는 그리 이론적으로만 돌아가질 않았습니다. 심평원에서 판단하는 보험 적용 여부, 삭감 여부 등은 건강보험 재정의 밀접한 영향을 받았거든요.

가령 특정 진료 비용이 예년에 비해 지나치게 증가하면, 심평원에서는 의료 기관이 예년과 똑같은 기준으로 의학적 필요성이 있는 행위를 제대로 수행했음에도 삭감을 하는 일이 많습니다. 이는 분야를 가리지 않고 의료계 전반에서 꾸준히 보고되는 현상입니다. 두 기관이 명목상으로는 분리되어 있으나 실제로는 그렇게 독립적이지 못한 상태라서 심평원이 암암리에 건강보험 재정 절감 압박을 잔뜩 받은 탓입니다.

이를 가장 극명하게 드러내는 게 바로 심평원의 삭감 인센티브 제도입니다. 심평원에서는 직원들에 대한 성과 판단 지표 가운데 하나로 '건강보험 재정 절감 성과 지표'를 2001년부터 2017년까지 무려 16년간 이용했습니다.[5] 이런 제도가 익명 심사 제도와 병행되다 보니 어떻게든 절감을 최대한 많이 하는 방식이 직원 개개인에게 유리하도록 유인 설계가 된 겁니다. 결과적으로 의사들은 학교에서 배운 대로 교과서에 따라 진료했을 뿐인데 삭감이라는 패널티를 무는 경험을 계속 하게 됐습니다. 말이 패널티지, 2만 원짜리 치킨을 팔고 보험공단에서 받아야 할 1만 4,000원을 제대로 받지 못하는 일의 연속인 겁니다. '의학'이 아니라 심평원 청구 기준에 맞는 방식의 진료만 수행하는 '심평의학'을 공부했어야 했다는 자조적 한탄이 나올 정도의 경험을 반복하는 거죠. 그러다 보니 이런 상황을 더는 견디지 못하겠다며 대대적 파업도 하고, 건강보험제도 폐지와 같은 극단적 주장에도 마음이 쏠리게 되는 겁니다.

그렇지만 그런 극단적 주장보다는 심평원의 독립성을 실질화하는 게 현재 의료 현장에서 발생하는 모순적 상황과 부당함을 개선하는 데 훨씬 더 노움이 될 겁니다. 성발 의학석 필요에 의해서만 보험 적용 여부를 결정할 수 있도록 힘을 실어 주는 게 낫다는 거죠.

그런데 건강보험공단이건 심평원이건 간에 이런 식으로 의사들이 입는 손해를 분명히 알고 있으면서도 그런 경향을 유지할 수밖에 없었던 나름의 이유가 있습니다. 현재 한국의 상황을 볼 때, 건강보험 재정의 장기 전망이 그리 밝지 않기 때문입니다.

9장

초고령 사회와 한국 의료의 미래

책의 1부와 2부에서 현재 한국 의료가 어떤 방식으로 작동되고 있는지를 살펴봤습니다. 여러 한계점은 있지만, 한국 의료는 세계적으로 유례가 없을 정도로 고효율을 달성한 성공적인 의료 시스템이긴 합니다. 그 한계 내에서 개별 주체들이 나름의 최적해를 찾은 게 현재의 의료 제도이기도 하고요.

이처럼 나름의 불만은 있었어도 어느 정도 유지되긴 하던 현 체계에서 정부가 대규모 현상 변경인 의대 신설이나 비대면 진료 도입 등을 무리하게 시도했던 데는 근본적인 이유가 있습니다. 코로나19 대유행은 정책 진행을 위한 지렛대 역할을 했을 뿐, 정부는 그 이전부터 고령화 때문에 의료 분야의 대규모 현상 변경을 꾀하고 있었거든요.

건강보험 재정은 정말 '고갈'되고 있을까?

사람이 아픈 건 대부분 늙어서입니다. 인간은 나이를 먹을수록 단순히 숫자 나이만 증가하는 게 아니라 노쇠(frailty)가 동반되는 노화의 과정을 거치기 때문이죠. 실제로 2009년에 한국보건사회연구원에서 발표한 자료에 따르면, 환자 1인이 평생 쓰는 의료비의 절반은 64~66세를 넘긴 노년 시기에 지출되는 것으로 나타났습니다.[1] 전체 삶의 25% 정도를 차지하는 노년기에 내가 평생 쓰는 의료비의 절반이 집중된다는 거죠. 7년이 지난 2016년에도 이런 차이는 여전합니다. 2016년 일반 시민들의 평균 연간 의료비가 127만 원인 데 비해 노인 인구의 연간 의료비는 381만 원으로 약 3배에 달했거든요.[2] 노인이 될수록 여러모로 의료를 많이 이용하게 되고, 그만큼 의료비 지출도 많아지게 된다는 거죠.

문제는 한국이 고령 사회에 접어들며 전체 인구 중 노인 비율이 급격히 증가하고 있다는 점입니다. 그리고 이런 변화는 단순히 노인 비중 증가에 따른 자연적인 의료비 증가를 넘어, 크게 두 가지 측면에서 한국 의료에 악영향을 미칩니다.

고령화가 한국 의료에 미칠 첫 번째 영향은 의료 재정 문제입니다. 꼭 고령화가 아니라도 건강보험 재정이 고갈되어 간다는 얘기는 국민연금과 엮여서 자주 언론 등에서 다뤄지고 있습니다. 그런데 사실 이건 잘못된 주장에 가깝습니다. 건강보험 재정 '잉여금'이 고갈되어 가고 있는 건 맞지만, 건강보험은 국민연금과 체계가 다르거든요.

건강보험이 됐건 국민연금이 됐건 국가 차원에서 강제로 보험료를 걷어 운영하는 형태의 보험을 사회보험이라고 부릅니다. 사회보험에는 두 가지 재정 운영 방식이 있는데, 첫 번째는 적립식이라 불리는 방식으로 국내에서는 국민연금이 이와 같은 방식을 택하고 있습니다. 적립식 사회보험은 우선 사람들에게 걷은 보험금을 모아서 재정을 운용하고, 나중에 대상자에게 보험금을 지급할 필요가 있을 때 차차 지불하는 방식입니다. 그러니 '적자'가 나지 않도록 재정을 건전하게 유지하는 과정이 필요하고, 인구구조 변화에 따라 지속 가능성이 계속 의심받기도 합니다. 내는 사람보다 받는 사람이 많아지게 되니까요.

두 번째는 적립식과 달리 그해 쓸 돈을 걷어서 그해 모두 소진하는 부과식 방식입니다. 국민건강보험은 이런 방식으로 운영되고 있는데, 원칙대로라면 그해 쓸 돈만큼만 걷어야 하니 남는 금액이 발생해서는 안 됩니다. 그렇지만 건강보험은 지출 규모를 잘못 계산해서인지, 아니면 모종의 고의인지, 필요한 금액보다 더 많은 금액을 걷어 왔고 그렇게 남은 차액을 '잉여금' 형태로 쌓아 두고 있었을 뿐입니다. 돌발 상황에 사용하려 모아 둔 예비비라고 보기엔 지나치게 많은 금액을 말입니다. 다시 말해 원래는 쌓이면 안 됐을 금액이 줄어드는 것이지, 애초에 그해 걷은 돈을 그해에 다 쓰는 형태로 설계된 부과식 사회보험이라는 면에서 고갈이란 표현은 부적절합니다. 의료비 증가로 인한 금액을 벌충하기 위해 건강보험료 상승이 필요한 건 맞겠지만, 건강보험 재정이 고갈되어 망한다는 선 오해의 소시가 있는 표현이죠.

이런 상황을 이해하고 살펴본다면, 8장에서 설명한 한국의 의료 서비스 가격 책정 방식과 묘한 괴리가 있다는 걸 쉽게 눈치챌 수 있습니다. 아무리 의료 행위 횟수당 가격을 매기는 '행위별수가제'라는 시스템을 운영하고 있다곤 하더라도, 실

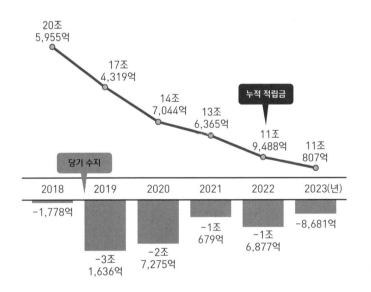

건강보험 재정 변화 추정 (자료: 보건복지부)

제로는 건강보험제도 설계상 의료 기관에 내어줄 돈이 '그해 걷은 돈'만큼밖에 없는 겁니다. 그러니 겉으로는 심평원에서 오직 의학적 필요성만 따져서 보험료 지급 여부를 결정한다고 해도, 예상된 건강보험 재정 총액을 넘어서는 의료비가 청구되지 않도록 삭감을 남발하는 것 아니냐는 의혹의 눈초리를 계속 받는 거죠. 어쨌거나 그해 걷은 건강보험료에 따라 건강보험 지출 가능 '총액'이 정해진 건 맞으니까요.

지금도 이러니 초고령 사회에서는 의료비 증가로 인해 이런 문제가 더 심해지게 될 텐데 해결 방법은 크게 두 가지입니다. 첫 번째는 건강보험 수입을 늘리는 겁니다. 현재 건강보험 수입은 소득에서 떼는 건강보험료(약 85%)와 국가가 지원하는 정부지원금(약 15%)으로 구성되어 있으니 이 금액을 더 늘리면 됩니다. 그렇지만 건강보험료가 됐건 정부가 지원하는 세금이 됐건 간에 정치인들이 무척 꺼리는 증세와 유사한 조처를 해야만 하니 잘 시행되지는 못했죠.

그래서 두 번째 방법인 지출 조이기가 2022년 현재도 계속 진행 중입니다. 과거에는 마땅한 치료제가 없는 질환의 증상 개선에 도움이 되는 약이라면 의학적인 타당성이 조금 떨어지더라도 건강보험을 폭넓게 적용해 줬습니다. 그렇지만 이제는 그럴 여유도 사라졌으니 이런 약에 대한 건강보험 적용을 모두 철회하는 중이죠. 최근의 가장 대표적인 갈등 사례가 간 질환에 처방되는 실리마린 성분 약물인 레가론®입니다. 연간 150억 원 정도씩 처방되는 이 약물에 대한 건강보험 적용이 철회되자 제조사에서는 이에 반발해 2022년 현재도 소송전을 이어 가는 중입니다.

그렇지만 이런 방식의 지출 억제는 한계가 많기에 어느 시점에는 결국 건강보험료율을 인상할 수밖에 없습니다. GDP 대비 전체 의료비 지출 비율이 OECD 평균은 8.8%, 한국은 그에 근접한 8.1%인 데 비해, 그중 '공공 의료비' 지출 비율은 OECD 평균 비율이 6.5%, 한국은 고작 4.9% 정도에 머물고 있으니[3] 공석 보험이 남낭하는 규모가 너무 작은 겁니다. 지금까지 너무 값싸게 이용한 셈이긴 하거든요.

국가	GDP 대비 전체 의료비(%)
미국	16.7%
독일	11.7%
프랑스	11.1%
캐나다	11.0%
일본	11.0%
호주	10.2%
영국	9.9%
스페인	9.1%
OECD 평균	8.8%
한국	8.1%

OECD 주요국의 GDP 대비 의료비 비중
(자료: OECD Healthdata, 2019)

결국 의료 인력 증원을 피하기 어려운 이유

고령화가 한국 의료에 미칠 두 번째 악영향은 의료 인력 수요 문제입니다. 오스트리아의 철학자 이반 일리치는 저서 『그림자 노동』에서, 실제로 노동은 이루어지지만 여기에 대한 대가 지불이 이루어지지 않아 공식적인 국가 경제 통계 등에 잡히지 않는 노동을 '그림자 노동'으로 정의했습니다. 대표적으로 가정주부의 가사노동이 있는데, 이와 비슷하게 의료에도 매우 중요한 역할을 담당하고 있는 그림자 노동이 존재합니다. 바로 간병이죠.

7장에서 다인실 병실 얘기를 다루며 가족 등의 간병인이 병실에 상주하는 게 한국에선 일반적인 상황임을 잠시 언급한 바 있습니다. 그런데 주요 선진국에서는 간병 업무도 간호사가 맡는 게 일반적입니다. 1장에서 살펴본 것처럼 한국에서는 간호사 업무가 이미 과중하고 병원 내 간호 인력이 만성적으로 부족한 탓☆에 주로 가족이 이를 담당하고 있지만 말이죠. 과거 한국의 전통적인 가족 구조에서는 이 역할을 주로 며느리나 딸이 담당해야 했는데, 고령화가 진행되고 가족 구조가 변화하자 이런 무급 노동도 더는 가능하지 않게 되었습니다. 당장 간병을 담당하던 자녀 세대조차 이미 노인에 근접한 나이가 된 데다, 핵가족화를 넘어 1인 가구 형태의 주거가 일

☆ 단순히 간호사 면허 소지자 숫자가 부족한 게 아니라, 이들을 충분히 고용할 정도의 비용을 의료 소비자와 국가가 지급하지 않고 있다는 점을 다시 강조한다.

반화되며 과거와 같은 간병 문화가 지속되기 어려운 가족 형태가 된 겁니다.

이런 현상이 보편화되자 현재는 간병인을 고용해 간병을 전담시키는 방식이 점차 자리 잡고 있지만, 개인이 부담하기엔 비용이 매우 비싸다는 점[☆]과 이들이 보건 분야에서 전문적인 직업훈련을 받은 사람들이 아니라는 점을 고려하면 이런 수요는 점차 간호 분야로 흡수되어야만 합니다. 단순히 노인의 의료 이용량이 늘어나 의료 인력이 추가적으로 필요해지는 것을 넘어, 가족 형태 변화로 인해 전통적인 가정에서 공급하던 간병 노동도 같이 소멸하니 의료 인력이 이를 메꿔야 하는 현상이 나타나는 거죠. 그런데 이런 문제는 의료 현장에만 국한되지 않습니다.

초고령 사회가 본격적으로 다가오면, 앞에서 논의한 의사나 간호사, 약사 같은 직접적인 의료 인력만이 아니라 사회복지사나 요양보호사와 같은 돌봄 인력 수요도 크게 늘어날 수밖에 없습니다. 포괄적인 복지 분야 서비스 모두 공통적으로 겪어야만 하는 일이라는 거죠.

실제로 의사 증원 이전에 이미 간호대와 약대 증원이 이루어진 상태였고, 정책적으로 요양보호사 등의 돌봄인력 처우 개선과 증원 역시 쭉 진행되고 있었습니다. 그러니 정부는 의사 직역과의 마찰을 예상하면서도, 코로나19 위기감을 지

☆ 지역과 기간, 환자의 중증도에 따라 달라지긴 하지만 1일 간병비는 대략 10~12만 원(2022년 기준)이다.

렛대로 이용해 그간 정체된 의대 정원을 늘리려는 '도박'을 감행한 겁니다. 불만이 나올 수밖에 없지만 의사를 비롯한 보건의료 인력을 늘리는 건 불가피한 방향에 가깝습니다.

다만 박정희 정부 때 맺어지고 김대중 정부 때 완성된 나름의 사회계약 내용과, 현재 국내 의료 기관의 압도적 다수가 민간 자본이 투입되어 설립 및 운영이 이루어지고 있다는 점을 감안하자면 그에 상응하는 보상도 제시할 필요가 있습니다.

'적정 의사 수'라는 함정

앞서 의사 파업을 다루면서 의대 증원 얘기를 잠시 꺼냈었습니다. 그 대목에서는 의사 파업이 의사 사회 내에서 그렇게 광범위한 지지를 얻은 주된 이유를 설명하려는 목적이라, 현재의 의사 수가 적절한지에 관한 얘기는 살짝 빼놓고 다루지 않았는데요. 아무리 한국 사회가 의사 집단과 맺어 둔 사회계약이 존재한다고 하더라도, 그것이 국민의 안녕에 바람직하지 못한 영향을 미친다면 당연히 현상 변경을 시도해야 하기에 적정 의사 수에 대한 논의 자체는 꼭 필요합니다.

그런데 한 가지 문제가 있습니다. 적정 의사 수에 대한 토론이 진행될 때면 자주 등장하는 '인구 1,000명당 의사 수'

와 같은 데이터는 어디까지나 대리지표(surrogate marker)일 뿐, 우리가 실제로 알고자 하는 건 현재 우리나라의 의료 접근 성이 어느 정도인가라는 점이죠.

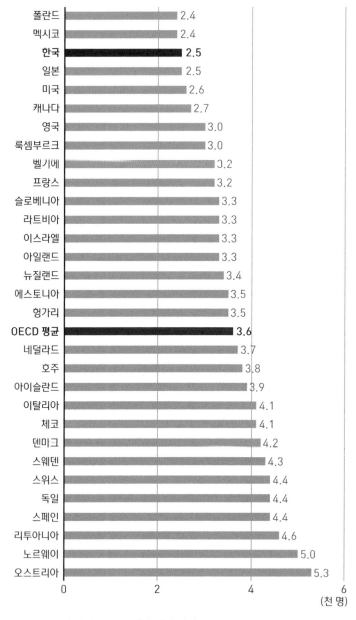

OECD 국가의 인구 1,000명당 임상 의사 수 (자료: OECD Healthdata, 2019)

의료 접근성이란 의료 서비스를 원하는 사람이 해당 의료 서비스를 실제로 누릴 수 있는지 여부를 종합적으로 따지는 개념입니다. 일반적으로 의료 접근성은 ①의료 기관에 물리적·문화적으로 접근할 수 있는지, ②의료 기관에서 서비스 제공이 가능한지, ③제공되는 의료 서비스의 질이 수용할 만한지, ④의료 서비스 비용을 감당할 수 있는지, 이 네 가지를 동시에 따지게 되는데 한 국가 내에서도 이를 명확히 따져 보기 어렵고 국가 간 비교는 더 어렵습니다.

그래서 의료 접근성을 국가 간에 쉽게 비교할 수 있도록 하나의 수치로 나타내는 방안이 고민되었는데, 그렇게 합의된 기준 중 하나가 바로 '단위 인구당 의사 수'라는 지표입니다. 이것으로 의료 접근성을 대신 따져 본다고 해서 '대리지표'라고 부르는 것이고요. 이 수치를 기준으로 보면, 한국은 OECD 평균에 비해서도 의사 수가 턱없이 부족한 상태라고 할 수 있습니다. 그 수치에 포함되어 있는 한의사 수를 제외하면 더더욱 그렇고요. 의사 수 증원에 대한 논의가 꾸준히 나오는 가장 강력한 근거가 바로 이겁니다.

문제는 현실이 그렇게 단순하지 않다는 점입니다. '여는 글'과 1부에서 살펴봤듯, 현재 한국에서는 의사 1인이 진료하는 환자 수가 엄청나게 많은 상태입니다. 이는 의료 이용량이 많아서이기도 하고 의사들이 진료 건당 보수를 받는 구조인 탓에 자발적으로, 혹은 반쯤 강제로 노동 강도를 높여서이기도 합니다. 즉, 한국 의사 1명은 주요 선진국 의사 1명보다 단위 생산성이 높은 편이라고 할 수 있는 거죠. 치킨의 비유를 다시 빌려 오자면, 한국 치킨집에서는 하루에 치킨을 몇 배는 더 튀기고 있어서 인구 1,000명당 치킨집 수와 같은 단순 숫자로만 '치킨 접근성'을 비교하기가 곤란하다는 겁니다.

실제로 한국 '도시'에서의 의료 접근성은 매우 높은 수준입니다. 별다른 예약 없이도 집에서 30분 이내의 거리에 있는 동네 의원을 방문할 수 있고, 길어도 1시간 내외의 대기 시간을 견디면 누구나 진료를 받을 수 있기 때문이죠. 도시에 거주하는 한 '의료 서비스를 원하는 사람이 해당 의료 서비스를 실제로 누릴 수 있는지의 여부'는 거의 문제가 되지 않는 겁니다.

그렇지만 2부에서 지방 의료 문제를 짚으며 얘기했듯 지방으로 갈수록, 그리고 도시가 아닌 읍·면 지역으로 갈수록 의료 접근성은 급격히 떨어지게 됩니다. 의사 수 자체가 늘어난다고 하더라도 새로 배출된 의사들이 똑같이 서울에만 모여 있다면 의료 접근성 문제는 거의 개선되는 바가 없습니다. 숫자 자체도 문제이긴 하지만 의사가 지역별로 얼마나 고르게 나뉘어 진료를 보느냐가 의료 집근성 문제에서는 훨씬 더 중요한 주제란 거죠.

코로나 이후에도 유효한 대안, 비대면 진료

이런 의료 접근성 문제를 해결할 방법의 하나로 제안되고 있는 방향이 있습니다. 바로 비대면 진료입니다. 사실 건강보험에서 가장 많은 지출이 발생하고 있는 영역은 위험성이 매우 높은 수술도 아니고 값비싼 약을 쓸 수밖에 없는 희귀 질환도 아닙니다. 흔히 성인병이라고 부르는 당뇨병이나 고혈압 같은 각종 만성질환이 실제 건강보험 지출의 꽤 많은 비중을 차지하고 있거든요. 개별 환자의 진료비와 약값은 그리 비싸지 않더라도 워낙 해당 질환을 앓는 사람이 많아서 총액을 따지면 가장 비중이 커지는 겁니다. 그러니 이런 질환들에 한해 아예 비대면 진료를 통해 진료 비용을 낮추고 약까지 배송하는 식으로 지출을 획기적으로 줄일 수도 있다는 제안이 꾸준히 나오는 겁니다.

게다가 의료 접근성이 낮은 지역에서도 비대면 진료를 통해 집에서 의사를 만날 수 있다면 의료 접근성 문제도 많이 개선될 수 있습니다. 비대면으로 제공되는 의료의 질이 낮아질 수 있다는 우려는 있지만, 이 책에서 쭉 살펴봤듯 현재까지 한국 의료는 질보다는 값을 더 따져 왔으니 방향성이 그리 크게 바뀌는 것도 아닐 테고요. 정권을 가리지 않고 비대면 진료(혹은 원격 의료)를 15년 이상 꾸준히 논의해 왔다는 것을 고려하면, 방향성의 문제라기보다는 추진 속력의 문제라고 보는 게 타당할 겁니다.

물론 일선 의료 현장에서는 비대면 진료에 대해 강력히 반발해 왔습니다. 비대면 진료로 인한 오진의 가능성도 제기되고, 대기업 등이 끼어들어서 발생하는 영리화나 환자의 개인정보 유출, 의약품 오배송이나 분실 같은 문제점들이 많이 지적되어 왔는데 최근에는 이런 기류도 변했습니다. 코로나19 대유행 탓에 재택 치료라는 형태로 많은 국민이 비대면 진료를 겪어 봤기 때문이죠. 공급자인 의료인은 물론이고 소비자인 시민들 역시도 한번 경험을 해 봤으니, 개념만 존재하던 비대면 진료가 어떤 식으로 돌아가는지를 실제로 배운 겁니다.

게다가 1부와 2부에서 살펴봤듯, 대다수 의료 인력은 현재도 제대로 된 의료 커뮤니케이션을 실행하지 못하고 있습니다. 그러니 시민들도 복약지도를 생략하는 것처럼 대면 진료도 생략하는 게 서로 편한 것 아니냐고 여기는 점이 많죠.

이런 변화를 감지한 탓인지, 비대면 진료가 피할 수 없는 흐름이라면 차라리 동네 의원 중심으로 주도하겠다며 의사협회에서 기존의 반대 입장을 뒤집는 일도 나타났습니다.[4] 다만 비대면 진료 시의 진료비를 대면 진료와 비교하여 어떻게 책정할지의 문제라든가, 오진 시의 책임 소재 등에 대한 논란은 여전히 남았기 때문에 이른 시일 안에 결론이 나긴 어려울 것으로 생각됩니다. 여러모로 한국 의료가 바뀌어 가는 경로에 비대면 진료가 있다는 것만큼은 확실하지만 말이죠.

한국 의료, 어디로 가야 할까?

노후를 위한 의료를 이야기한다면서도, '해결 가능한' 원인을 짚는 데 주력하겠다는 핑계로 돈과 인력에 집중된 얘기만 늘어놓았습니다. 실제로 의료 정책이 다루는 범위는 이보다 훨씬 넓고, 다양한 복지 정책과도 맞물려서 돌아가기에 의료 영역에만 한정해 논의하기는 어렵습니다. 마지막으로 한국 의료의 미래를 다루면서도 일관성 있게 돈과 인력의 관점에만 집중할 생각인데, 이 경우에도 몇 가지 시도해 볼 수 있는 정책들이 있습니다.

첫 번째는 예방의학적 접근을 강화하는 겁니다. 서울아산병원 노년내과[☆] 정희원 교수가 『지속가능한 나이듦』에서 짚었듯, 인간은 나이를 먹음에 따라 모두 같은 수준으로 노쇠해지지 않습니다. 식습관이나 운동 습관은 물론이고 복용하는 약에 따라서도 노쇠 정도는 꽤 달라지죠. 그러니 노인 인구가 늘어난다고 하더라도, 2022년의 40대가 60대가 되었을 때의 건강 상태는 현재 60대의 건강 상태와는 많이 달라질 수

☆ 노인이 겪는 신체 문제나 여러 만성질환 등의 특징을 통합적으로 관리하기 위해 비교적 최근에 등장한 진료과.

있습니다. 현재의 노인을 기준으로 추산한 의료비가 생각보다 더 줄어들 수도 있는 겁니다. 고령화는 피할 수 없는 현상이니, 예방의학적 접근을 강화해 차라리 미래의 노인들을 조금이라도 더 건강하게 만들자는 거죠.

문제는 노화 속도를 늦추는 방법들은 이미 학술적으로 어느 정도 정립되어 있지만, 이것이 일반 시민들에게 제대로 전달되지 않고 있다는 점입니다. 노화와 건강에 대한 공포감만 잔뜩 자극하며 특정한 식품이 몸에 좋다는 둥, 특정한 영양제를 먹으면 그런 증상을 예방할 수 있다는 둥 현혹하는 상업적 방송이 아닌 제대로 된 건강 관리 프로그램을 제공할 필요가 있습니다. 학교 졸업 후에는 실질적인 시민 교육이 제대로 이루어지지 않고 있는 상황에서 예방의학적 지식을 전달하기 위해선 예산 투입이 필수적입니다. 질병이 발생한 다음에 이를 고치려고 하는 게 아니라 몸이 망가지기 전에 이를 예방하는 조치도 의료의 영역으로 생각하고 정책적으로 의료 예산을 투입해야 한다는 겁니다.

그런데 단기간에 성과가 나기 어려운 예방의학적 정책을 두고 '홍보성 예산'에 돈을 마구 낭비했다는 식의 비판을 쏟아내는 일부 정치인들의 무지함이 큰 걸림돌이 되고 있습니다. 건강보험공단의 1년 예산은 86조 6,474억 원입니다 (2022년 기준).[5] 그렇지만 이 중 건강 증진 사업에 책정된 금액은 946억으로 전체 예산의 0.1%에 불과한 상태입니다. 당장의 의료비 증가에 허리띠를 졸라매는 중이긴 하지만 만성질환의 발생 자체를 줄이는 게 장기적인 의료비 지출의 저감 측면에선 더 효과적인 방식임을 꼭 이해해야 합니다.

두 번째는 의료인에 대한 보상 방식을 일정 부분 바꾸는 겁니다. 앞서 설명했듯, 행위별수가제는 의료인이 과잉 노동을 하도록 만들어 일종의 비용 효율성을 높인다고 할 수 있지만 큰 문제점을 한 가지 내포하고 있습니다. 흔히 '기피과'라 불리는 과에 대한 지원이 곤란하다는 겁니다.

가령 흉부외과 수술비를 현행보다 크게 높이도록 조치하더라도, 흉부외과라는 본인 전공을 살리기 위해서는 최소 종합병원급에 고용된 상태로 일을 해야 하는 어려움이 있습니다. 그런데 병원에 그런 자리가 많이 나지도 않거니와, 막상 병원에 남더라도 며칠 건너 계속 당직을 서는 식의 고된 업무 강도를 감당해야 하니 정말 강한 신념을 가진 사람이 아니라면 이런 상황을 계속 견디긴 힘듭니다. 이런 기피과에 한해서라도 수술 건당 높은 금액을 지급하는 방식이 아닌, 해당 진료과 전문의에 대해 국가가 인건비를 보조하는 다른 보상 방식을 택할 수가 있습니다. 꼭 필요하지만 발생 빈도가 아주 높지는 않은 질환에 대한 고난도 수술이 가능한 인력을 갖추기 위해서는 이런 방식이 거의 유일하다고 생각합니다.

현재 우리나라 의료 기관들은 효율성을 위해 적은 수의 의료 인력을 고용하고, 이들이 최대한 많은 수의 의료 행위를 수행하도록 하는 체제를 유지하고 있습니다. 그렇지만 예방 가능한 사망을 줄이고 의료의 질을 높일 방법은 어느 정도의 여유 인력을 확보해 두는 것뿐입니다. 비용이 더 드는 걸 감내하더라도 말이죠. 아예 일부 진료과 전문의를 공무원과 유사한 신분으로 고용하는 것도 가능한 선택지이겠지만, 현행 의사 임금 수준을 국가에서 맞춰 주는 것에 대한 반발이 여러모로 클 것이라 짐작하기에 그리 실현 가능성이 높다고 생각되신 않습니다.

세 번째는 지방의 '응급 의료' 문제를 해결하는 겁니다. 2부에서 다뤘던 것처럼 지방 의료는 현재도 위태로운 상태이고 고령화가 심화될수록 타격도 가장 심하게 받게 됩니다. 그렇다고 해도 넓은 공간에 적은 인구수를 유지 중인 저인구밀도 지역에 상시 고급 의료 인력을 배치한다는 건 불가능한 일에 가깝습니다.

다행히 만성적인 질환에 대한 지방 의료 접근성은 비대면 진료 등의 기술적 수단을 동원하건 공중보건의 제도를 개편하건 간에 어떻게든 벌충할 수 있습니다. 그렇지만 응급 상황이 정말 문제가 됩니다. 응급 수술이 가능한 특수 구급차, 해당 지역이 속한 광역자치단체 중심지에 소재한 종합병원으로 빠르게 이송할 수 있는 닥터헬기 등 관련 장비를 운용할 인력을 갖추고 이들에 대한 인건비 보조와 같은 조치를 도입하지 않으면, 의료 소외지에 거주 중인 주민들은 응급 상황 발생 시에 사망이나 장애에 이르는 등의 심각한 결과를 맞이할 수밖에 없습니다.

이런 응급 환자 이송 인프라를 구축하기 위해서는 막대한 국가 재정 투입을 통해 공공 의료 기관을 설립하거나, 민간에서 설립한 의료 기관이라도 상시적으로 의료 인력을 고용하고 설비 등을 유지할 수 있을 정도의 환자 수가 확보되어야만 합니다. 환자들의 불만은 있겠지만, 진료권 제도 혹은 그에 준하는 수준의 다른 규제를 통해서라도 서울로의 환자 집중 현상을 해소하지 않는다면 지방 의료 문제는 절대 해결되지 못할 겁니다. 고양이 목에 방울을 달려는 사람이 있을진 모르겠지만요.

이 외에도 민간보험사가 판매하는 실손형 의료보험 문제, 자동차보험에서 발생하고 있는 특정 의료 직역에 의한 심각한 도덕적 해이 등 '돈'만 고려해도 정말 다양한 문제가 많이 있지만, 하나의 책에서 모두 다룰 정도로 욕심을 부리진 말아야 할 것 같습니다. 다만 다음에 이어질 '닫는 글'에서 꼭 하나 짚고 넘어가야 할 부분은 있습니다. 한국 의료의 문제는 의료의 특수성에서만 기인하는 게 절대 아니라는 사실입니다.

'의료'를 우리 모두의 언어로
이야기해야 하는 이유

의료 정책에 관심을 가지는 사람 대부분은 의료 서비스 공급을 담당하는 보건의료인인 경우가 많습니다. 의료 현장에서 매일 환자를 마주하며 의료 정책의 어그러짐을 가장 잘 관찰할 수 있는 사람들이니까 어찌 보면 당연할지도 모르죠. 그런데 한 가지 안타까운 건, 이런 분들은 병원의 '특수성'에만 관심을 두는 경향이 있다는 겁니다. 의료 계열 학과를 졸업하고 병원에서만 근무하다 보니 더 그런 것인데, 이 책의 '여는 글'에서 지적했듯이 '달나라 병원'이 이상한 건 '달나라' 전체가 비슷한 문제를 겪고 있기 때문이기도 합니다.

예를 들어 볼까요? 1부에서 살펴본 것처럼 인력에 여유를 두지 않아 노동자들이 만성적인 피로에 시달리다 실수를 하고 결국 사람이 죽는 사고는 달나라 병원에서만 일어나는 게 아닙니다. 달나라 지하철에서도, 달나라 공사 현장에서도, 달나라 공장에서도 이런 일들은 비일비재하게 반복됩니다. 새벽 배송을 전담하며 주 60시간씩 근무하던 택배 노동자가 사망하는 과로사 문제는, 밤샘 당직 다음 날에도 정상 근무를 지속하는 전공의들의 과로사 문제와 크게 다를 바가 없습니다. 사람을 갈아 넣는 방향으로 중력이 작동하는 나라의 공통 문제인 겁니다.

2부에서 다뤘던 지방 의료 문제도 마찬가지입니다. 지방 소도시에 거주하는 사람들은 의료 혜택만을 덜 받는 것이 아니라 의료인과 같은 고급 인력이 제공하는 다른 서비스들에서 모두 비슷한 수준으로 소외되어 있습니다. 차라리 의료는 형편이 나은 경우입니다. 가령 전국 변호사 3만여 명 중 무려 75%는 서울에 적을 두고 있습니다(2022년 기준).[1] 서울에서는 변호사 과잉이라는 얘기가 나오고 있지만, 지방에서는 법조인 구인난이 벌어지고 있는 상황이죠. 지방에서는 아프면 찾아갈 보건지소는 있어도, 법적 송사에 휘말리면 갈 만한 법률 사무소가 없어서 꼼짝없이 인근 대도시나 서울로 올라와야만 합니다. 지방 의료 문제는 지방 '의료'의 문제이기도 하지만 '지방' 의료의 문제이기도 한 겁니다. 단지 의료라는 범주에만 국한된 문제가 아니라는 거죠.

3부에서는 더 직접적으로 의료가 사회와 충돌하며 발생했던 갈등들을 살펴봤습니다. 의사 파업 문제 역시 각종 전문 직역에서 유사하게 변주되어 반복되고 있는 현상이라 의료 영역 고유의 문제라 보긴 어렵습니다. 코로나19 대유행에서 나타난 여러 문제도 각종 사회적 재난 시에 꽤 유사하게 모든 분야에서 반복되어 온 것이기도 하고요. 좁게 보면 의료 영역에서만 발생한 이례적 사례인 것 같지만, 큰 틀에서 보자면 한국 사회에서 일어나는 많은 갈등이 의료계 내에서도 반복된 것에 가깝다는 뜻입니다.

이런 현상이 지목하는 바는 분명합니다. 의료가 발 딛고 서 있는 사회가 바뀌지 않는다면, 의료 문제만 똑 떼서 해결하는 게 불가능하다는 겁니다. 물론 사회가 바뀐다고 해서 의료 역시 자연스럽게 그 길을 그대로 따라가지는 않습니다. 그렇지만 공통적인 구조를 갖는 문제가 사회 전체에 만연하다는 게 밝혀진다면, 같은 구조를 갖는 의료 문제 역시도 해결이 조금 더 쉬워질 수는 있습니다.

이 책을 읽고 있는 보건의료인들이 있다면 부디 책에서 소개한 의료 문제에 관심을 갖는 데 그치는 게 아니라, 사회 다른 분야의 비슷한 문제적 현상들도 애정 어린 눈으로 같이 살펴봐 주시길 바랍니다. 동료 시민을 설득하지 않고 해결되는 사회문제는 없습니다.

대다수 일반 독자들에게는 혹시나 이 책이 의료계만의 전문적인 이야기로 치부되지 않을지 우려가 됩니다. 9장에서 짚었듯, 우리는 중요한 전환점에 서 있습니다. 그런데 의료 분야가 너무 전문적인 내용이라 생각해서 관심을 꺼 버리면, 미래의 내 삶에도 중요한 영향을 미치는 결정을 전문가들에게만 위임하게 됩니다. 이미 '민주화'라는 용어가 낡아 버린 시대에 살고 있지만, 내 삶을 결정하는 중요한 정책 변화에 대해 스스로 목소리를 내는 일의 중요함은 전혀 낡지 않았습니다. 시민들 각자의 정치 성향은 다를 수 있지만 내가 발 딛고 있는 현실을 정확히 포착해야, 나와 정치 성향이 비슷한 사람이 말한다는 이유로 극단적이고 이상한 주장에 속아 넘어가는 일이 줄어듭니다. 가령 영국에서는 의료비를 국가가 전액 책임진다며 극찬하는 사람들은, 영국에서 의사에게 진료를 받으려면 평균 12주 전에 예약하고 기다려야 한다는 얘기 따위는 무시하기 마련이죠. 내 노후를 책임질 의료에 그리 접근해선 안 됩니다.

딴에는 최대한 균형 있게 쓰려고 노력했으나, 부족하거나 아쉬운 부분이 있을 수 있습니다. 제가 세운 나름의 분석틀에 맞지 않아서 중요함에도 다뤄지지 못한 내용들도 있고, 의료보다는 복지 제도에 더 밀접하게 관련이 있어 부득이하게 뺀 내용들도 많습니다. 이 책 한 권으로 모든 의료 정책에 대한 이해를 갖출 수도 없고, 그러기를 바라는 것도 저자의 과한 욕심이라 생각했기 때문입니다. 그렇지만 전문적인 용어가 난무하는 파편화된 쟁점들로만 접하는 것보다는 이렇게라도 큰 틀에서 의료 문제를 한 번에 정리해서 보는 경험을 하면, 한국 의료가 어떤 식으로 돌아가는지에 대한 '감'은 잡을 수 있을 거라고 생각합니다.

그간 의료 정책을 다룬 책들은 '의사'만을 주된 관심 대상으로 삼아, 의료 현장에서 일하고 있는 다른 의료 인력은 배제되는 경우가 많았습니다. 그런 분들의 이야기도 최대한 많이 다루고자 했으나 글의 짜임과 분량의 한계로 인해 다루지 못한 직업들이 많습니다. 각종 의료기사와 간호조무사, 요양보호사, 간병인 같은 분들입니다. 미디어에 노출되는 의료 전문직 외에도 주목받지 못하는 자리에서 묵묵히 일하시는 분들의 노고 덕분에 현재의 의료 시스템이 가능하다는 것도 잊지 말아 주셨으면 좋겠습니다. 부족한 책이 독자들의 국내 의료 정책 이해에 조금이나마 도움이 되었기를 바랍니다.

여는 글: 목숨 값이 가벼운 나라의 의료 이야기

1. 국내의 '외래진료 청구 건수'는 건강보험심사평가원
   보건의료빅테이터개방시스템에서 2019년 건강보험 진료 통계 자료를
   바탕으로 얻었다. 2019년 활동 의사 수는 국민건강보험공단에서
   발행하는 《건강보장 ISSUE&VIEW》 39호(2021.11)의 「의사인력
   활동양상 모니터링을 위한 기초연구」에서 추정한 수치를 사용했다.

2. 경제협력개발기구(OECD) 회원국에서 취합된 자료를 바탕으로 매년
   발간하는 *OECD Health Statistics*(2021)에서 국민 1인당 외래진료
   횟수를 당시 해당국 인구와 곱해 총 외래진료 횟수를 구하고, 이를
   임상의사 수로 나누어 얻었다. OECD 평균을 사용하는 대신 A7 국가인
   미국·영국·프랑스·스위스·독일·일본·이탈리아에,
   캐나다·스페인·호주의 값을 더해 평균을 냈다. 그중 미국과 영국의
   1인당 외래진료 횟수는 별도로 수집되지 않아 OECD 평균치를 대입한
   추정치다.

1장 – '태움'이라는 악습이 자라는 토양

1. 강지연·윤선영, 「간호사의 직장 내 괴롭힘 경험에 관한 근거이론 연구」,
   《대한간호학회지》, 46(2), 한국간호과학회, 2016, pp.226~237.

2. 정선화·이인숙, 「간호사의 태움 체험에 관한 질적 연구」,
   《한국직업건강간호학회지》, 25(3), 한국직업건강간호학회, 2016,
   pp.238~248.

3. 김경순·차지은·김영임, 「종합병원 신규 간호사의 태움, 건강 증진
   생활양식, 신체 증상이 직무 스트레스에 미치는 영향」,

《한국직업건강간호학회지》, 28(1), 한국직업건강간호학회, 2019, pp.12~20.

4. 병원간호사회에서 발간하는 《병원간호인력 배치현황 실태조사》(2020)에서 종합병원 기준 병상 수 : 간호사 비율 3.37에 3교대 근무를 가정하고 구한 값. 같은 해 종합병원의 평균적인 병상 가동률 81.7%를 고려하더라도, 간호사 1인 담당 환자 수는 8.26명으로 볼 수 있음.

5. "인공지능 시대의 부처님", 법륜스님의희망세상만들기 유튜브, 2017.6.20., https://www.youtube.com/watch?v=_GLeAADZ6rE

6. 강영아·설미이·이명선, 「병원 간호사의 프리셉터 경험에 관한 포커스 그룹 연구」, 《Perspectives in Nursing Science》, 10(1), 서울대학교 간호과학연구소, 2013, pp.77~86.

7. 보건복지부, 《2020 보건복지통계연보》, 2021.

2장 - 기피과와 진료보조인력(PA)의 탄생

1. 양동훈, "[단독] 거점 국립대병원에서 의사가 없어 신장 이식을 못하다니…", YTN, 2022.5.6., https://www.ytn.co.kr/_ln/0115_202205060405377382.

2. 경제협력개발기구(OECD), *OECD Health Statistics*, 2021.

3. 이창진, "방종·진검·비뇨 지원율 급증… 흉부·소청과 '추락'", 《메디칼타임즈》, 2021.12.15., https://www.medicaltimes.com/Main/News/NewsView.html?ID=1144612

4. 보건복지부, 《2020 보건복지통계연보》, 2021.

5. 국회사무처, 「2020년도 국정감사 보건복지위원회회의록」, 2020.10.22.

6. 법원에서 매년 발간하는 《사법연감》 중 2000년부터 2019년까지 최근 10여 년간 '의료 과오'를 이유로 제기된 손해배상청구 소송 통계를 바탕으로 한 대략적인 추세.

7. 한국의료분쟁조정중재원, 『2019년도 의료 분쟁 조정·중재 통계연보』, 2020.

8. 흉부심장혈관외과학회, 《전문의 근무환경조사》, 2020.

9. 이창진, "방종·진검·비뇨 지원율 급증… 흉부·소청과 '추락'", 《메디칼타임즈》, 2021.12.15., https://www.medicaltimes.com/Main/News/ NewsView.html?ID=1144612

10. 의료법 제2조 제②항 제5호 나목.

11. 대한전공의협의회, 《2020 수련병원 평가》.

12. 병원간호사회, 「2010-2019년 병원간호인력 배치 현황 및 근로조건 실태조사 경향 분석」, 2022.

3장 – 의료진 대신 검사 장비로 가득한 병원

1. *OECD Health Statistics*, 2021.

2. 한국보건산업진흥원, 《2015 병원경영분석》, 2017.

3. 한국보건산업진흥원, '의료기관 회계정보 공시', '공시정보조회', http:// haspa.khidi.or.kr

4. 법인세법 제29조 및 법인세법시행령 제56조 참고.

4장 – '빨리빨리'에 사라진 복약지도

1. 잡코리아·알바몬 설문조사, 「미래 사라질 직업 vs 살아남을 직업」(직장인·취업준비생 4,147명 대상), 2018.

2. 이의경·박정영, 「개국약사의 적정조제건수 산출」, 《보건행정학회지》, 11(4), 한국보건행정학회, 2001, pp.88~108.

5장 – 환자의 병원 선택권과 지방 의료의 몰락

1. 고재우, "의료쇼핑 최다 1·2·3위 한방… 705일·401일·315일",
   《데일리메디》, 2021.7.7.,
   https://www.dailymedi.com/news/news_view.php?wr_id=871469

2. 김지현, "1년에 병원 284회 방문하기도… 의료쇼핑 골머리",《한국일보》,
   2019.3.20.,
   https://www.hankookilbo.com/News/Read/201903191726341234

3. 건강보험심사평가원, 'HIRA, 의약품안전관리 환경 조성 10년 성과와
   국제 동향', 국제심포지엄, 2021.10.26.

4. 윤강재 외 6인,「한국 의료전달체계의 쟁점과 발전 방향」,
   한국보건사회연구원 연구보고서 2014-08.

5. 국민건강보험공단,《2019년 지역별 의료이용 통계연보》, 2020.

6. 일반적으로 5대 암에는 국가 암 검진 지원이 이루어지는 위암, 대장암,
   간암, 유방암, 자궁경부암의 5개가 꼽힌다. 그러나 유방암의 압도적
   다수가 여성에게 발생하고, 자궁경부암은 오직 여성에게만 발생하기
   때문에 지역 간 여성 성비가 달라지면 5대 암 수치가 변동하는 단점이
   있다. 여기서는 지역 간 의료 격차 차이를 살펴보는 것이 주요
   목적이기에 자궁경부암 대신 남성에게서 2배가량 더 많이 발생하는
   폐암(전체 암 3위)을 넣어 계산했다.

7. 국민건강보험공단,《2012년 지역별 의료이용 통계연보》, 2013.

6장 – 의료 인력의 지방 기피와 지역인재전형

1. 대한전공의협의회 성명서,「전공의 '36시간 연속근무' 제도 개선이
   필수·중증의료 문제 해결의 시작입니다」, 2022.9.1.,
   http://youngmd.org/154/?q=YToxOntzOjEyOiJrZXl3b3JkX3R5cGUi
   O3M6MzoiYWxsIjt9&bmode=view&idx=12746030&t=board

2. 정다연, "의사 수 증가·무의촌 해소·공보의 감소 등 시대는 변했는데

40년 된 낡은 공보의 제도는 그대로”,《메디게이트》, 2019.8.4., https://
medigatenews.com/news/1673342587

3. 더불어민주당 서동용 의원실 국정감사 보도자료「의과대학 신입생 출신
고교 중 수도권 비중 46.4%」,
https://blog.naver.com/dyongseo/222120770899

4. 더불어민주당 김원이 의원 등 29인 발의,「지역의사 양성을 위한
법률안」(의안:2102390); 더불어민주당 권칠승 의원 등 15인 발의,
「지역의사법안」(의안:2102537).

5. 국민건강보험공단,《2020 건강보험통계연보》.

6. 임선미·김계현,「일본 지역정원제도의 개요 및 현황」,《이슈브리핑》, 6,
의료정책연구소, 2020.

7장 – 코로나19로 드러난 아주 오래된 균열

1. 보건복지부 중앙사고수습본부 2022년 4월 13일 자 보도참고자료,
「의료인력 파견 지원 현황」.

2. 전선화·이미향·최미정,「COVID-19에 대한 간호사의 감염관리 피로도,
직무스트레스 및 소진」,《가정간호학회지》, 28(1), 한국가정간호학회,
2021, pp.16~25.

3. 이은자·조옥연·왕금현·장명진,「COVID-19 환자 간호한 간호사들의
외상후스트레스장애, 우울 및 사회적 낙인 간의 관계」,
《동서간호학연구지》, 27(1), 경희대학교 동서간호학연구소, 2021,
pp.14~21.

4. 건강보험심사평가원,「2019년(1차) 중소병원 적정성평가 결과」, 2021;
국민건강보험,《2020 건강보험통계연보》,「요양기관 종별 입원실 현황」,
2021.

8장 - 의사들이 파업에 나섰던 '진짜' 이유

1. 김정희·이성번·이용갑, 「공공의료 확충의 필요성과 전략」(건강보험연구원 Issue Report 2020), 국민건강보험 건강보험연구원, 2020.

2. 위대장내시경학회, 소독위원회 전국 워크숍(2020).

3. 김상기, "감기 진료비 연간 1조 7천 억 넘어",《라포르시안》, 2018.4.11., https://www.rapportian.com/news/articleView.html?idxno=109957

4. 건강보험심사평가원,『요양급여 청구 부당사례 모음집』, 2020.

5. 건강보험심사평가원 2017년 8월 25일 자 보도자료, 「심사평가원, 심사·평가 시스템 개편 추진」.

9장 - 초고령 사회와 한국 의료의 미래

1. 정영호, 고숙자, 「생애의료비 추정을 통한 국민의료비 분식 (I)」, 한국보건사회연구원 연구보고서 2009-04.

2. 통계청,《2017 고령자 통계》.

3. 2019년 기준 국내 GDP 대비 경상의료비 비율에, 같은 해 경상의료비 대비 공공 의료비 비율을 곱해서 얻은 수치. OECD의 공공 의료비 비율도 같은 방식으로 계산했다. 각각의 값은 *OECD Health Statistics*(2021)에서 얻은 것을 이용했다.

4. 송수연, "비대면 진료 탐탁지 않은 의료계 '반대만 하지 말고 논의하자'",《청년의사》, 2022.7.4., https://www.docdocdoc.co.kr/news/articleView.html?idxno=2024660

5. 국민건강보험공단 경영공시, '주요사업 및 경영성과', '주요사업현황', https://www.nhis.or.kr/announce/wbhaec11300m01.do

닫는 글: '의료'를 우리 모두의 언어로 이야기해야 하는 이유

1. 정준휘, "변호사 3만명 시대… 지방 법조계는 '구인난'",《법률신문》, 2022.4.18.,
   https://www.lawtimes.co.kr/Legal-News/Legal-News-View?serial=177741

북트리거 일반 도서

북트리거 청소년 도서

노후를 위한 병원은 없다

지금의 의료 서비스가 계속되리라 믿는 당신에게

1판 1쇄 발행일 2022년 10월 20일

지은이 박한슬
펴낸이 권준구 | 펴낸곳 (주)지학사
본부장 황홍규 | 편집장 윤소현 | 편집 김지영 양선화 서동조 김승주
책임편집 양선화 | 인포그래픽 이도훈 | 디자인 정은경디자인
마케팅 송성만 손정빈 윤술옥 이혜인 | 제작 김현정 이진형 강석준
등록 2017년 2월 9일(제2017-000034호) | 주소 서울시 마포구 신촌로6길 5
전화 02.330.5265 | 팩스 02.3141.4488 | 이메일 booktrigger@jihak.co.kr
홈페이지 www.jihak.co.kr | 포스트 http://post.naver.com/booktrigger
페이스북 www.facebook.com/booktrigger | 인스타그램 @booktrigger

ISBN 979-11-89799-82-3 03330

북트리거

트리거(trigger)는 '방아쇠, 계기, 유인, 자극'을 뜻합니다.
북트리거는 나와 사물, 이웃과 세상을 바라보는 시선에 신선한 자극을 주는 책을 펴냅니다.